JN111163

信仰生活ガイド

老いと信仰

山口紀子
［編］

日本キリスト教団出版局

「信仰生活ガイド」は、月刊誌『信徒の友』に掲載された記事をまとめなおし、キリスト教信仰の「入門書」また「再入門書」として、書籍化するシリーズです。

はじめに　通過点としての老いと死

山口紀子（やまぐちのりこ）

二〇二四年四月三〇日、この原稿を執筆中に加藤常昭師の訃報が西東京教区からの一斉ファックスによって教会に届けられました。それによると召されたのは二六日であり、すでに二九日に、鎌倉雪ノ下教会礼拝堂にて川﨑公平牧師の司式で葬儀が執り行われたとのこと。不思議な感覚に陥りました。

本書には加藤常昭師の文章も収録されています。「キリスト者の葬り――悲しみと慰めと望みと」（本書九六頁以下）。そこには一〇年前の妻さゆり師の死と葬りが記されています。その葬りを参列者のひとりになったかのように想像しながら何度となく読み返していたからでしょうか、ちょうどその一〇年後、常昭師も、恐らく同じように葬られたであろうことがリアルに想像されたのです。

本書は「老いと信仰」をテーマとしています。「年を重ねること」から始まり、「認知症と教会」「施設入所・介護」「葬儀」と続きます。老いの現実を当事者や家族、専門家、牧師たちが、その異なった立場から浮き彫りにしてくれます。ただし、老いの終着点は死ではありません。その先に復活の希望があるからです。本書は老いと死を、通過点として見るのです。それはもちろん聖書が死は終わりではないことを、復活を、約束しているからにほかなりません。

この約束を握りしめ、老い衰え病苦にあえぎながらも、復活の希望に生きた証人たちを私も知っています。

Mさんとの出会いは、本人よりもその手作りの栞（しおり）が先でした。庭の花を押し花にし、それを懐紙に糊で貼りつけ、ビニール袋で覆いセロハンテープで止めた栞は、同じ手作りでもラミネート加工された栞などに比べて圧倒的に素朴でした。ある日それが、一枚ではなく百枚近くも当時学んでいた神学校に届けられたのです。こんなに手間のかかる栞を、しかもこんなに沢山、いったいどなたが作られたのか。それがMさんでした。

リウマチを患うMさんが、その痛む手で栞を作り、配っておられること。少し前までは教会の月報発送はMさんの奉仕であり、ひとり一人に必ずひと言を手書きで添えておられたことを知りました。当時派遣神学生としてMさんと出会った牧師たちは口々に言われます。卒業し遣わされた教会に、月報とMさんからのひと言が届く。どれだけそのひと言に慰められ支えられたことかと。Mさんの人生後半戦は痛みと共にありましたが、苦しみながら紡ぐひと言だからこそ、それが周囲を慰めました。

「今から後、主にあって死ぬ死人はさいわいである」（黙示録14・13、口語訳）

墓の前でそう高らかに宣言し祈られたのはYさんです。まだ皆さんのお顔と名前が一致しない四月の墓前礼拝でのこと。この御言葉と祈りによって、Yさんは私の心に刻まれました。すでに教会役員を始め様々な役割を果たし終え、ご夫妻は支え合いながら電車で一時間弱をかけて教会にいらっしゃる。駅から教会まで若い者にとっては徒歩一〇分ですが、糖尿病や帯状疱疹（ほうしん）による顔面マヒなどの病や後遺症を抱え、足腰も弱られたYさんにとってそれは困難な道でした。教会の皆さんの送迎を喜んで受けてくださり、それが教会の喜びとなりました。

すでにMさんもYさんも地上の生涯を閉じて眠りにつきました。私は自分も一〇年後、二〇年後には、MさんやYさんのようになるのだといつの間にかイメージしています。後に続く者にとって、彼らの信仰と生き様はモデルであり模範なのです。

すべての人に訪れる老い、そして死。それはキリスト者にとって通過点に過ぎません。ただ、そうは言っても少しでもそれは遅らせたいし、病苦は嫌だというのが本音です。いざそれが訪れた時に、どのようにその苦しみを受け止めたらいいのでしょうか。

昨年、八十七歳で召されたOさんは末期がんを患っておられました。治療の限界を迎えた時に、ご夫妻は在宅介護を選ばれました。大好きなクラシック音楽を聴きながら、自分の葬儀の計画を立てました。いよいよ寝たきりになられたのは最後の数週間。段々と腹水がたまり、それは何とも形容し難いだるさ、苦しさなのだとOさんはおっしゃいました。「でもね」とOさん。「でもね、そんな時、イエスさまの十字架を思うんです。それに比べたら」と。

私たちの痛みとキリストの苦しみは密接に結びついています。主は言われます。

「ああ、……メシアは、これらの苦しみを受けて、栄光に入るはずではなかったか」

（ルカ24・25〜26、聖書協会共同訳）

そうです、栄光が待っているのです。私たちはよく人生を一日の時間経過と重ね合わせます。幼少期の朝から始まり、真昼の青年期、そして老年期の夜で人生が終わると。

しかし、夜から始まって朝に向かうのだとしたら？　元気な今は明るい昼間だと私たちは思っていますが、実は夜に過ぎないのだとしたら？　真の朝の光の眩しさを知らないだけだとしたら？　聖書の一日は日没から始まるのです（創世記1・5他）。夕暮れから闇が深まるように人生には様々な労苦が伴います。「今は、鏡におぼろに映ったものを見ていますが」（Iコリント13・12、聖書協会共同訳）とは、月の光に太陽を見ているようなものなのかもしれません。そうして夜明け前の最も深い闇を通り抜け、朝へと向かうのです。神と顔と顔を合わせて相まみえる真の朝、復活の朝です。

「病苦は終わりました。神が眠らせてくださいました。神がお定めになったとき、再び手に取られ、こう呼びかけてくださるためです。『起きなさい、さゆり、よみがえりの朝だよ！』と」（本書九九～一〇〇頁）

（日本基督教団 更生教会牧師）

目次

認知症と教会

施設入所・介護

目次

葬儀　復活の希望

＊本書の引用する聖書は、基本的に『聖書　新共同訳』（日本聖書協会）に準拠しています。
＊それぞれの文章の最後に『信徒の友』の掲載号が示されています。

装丁・ロゴスデザイン　長尾　優

年を重ねること　1

置かれた場所で神さまと

内田（うちだ）　汎（ひろし）

東京の大宮前教会を二〇二一年三月に辞任し、隠退教師となった八十代のわたくしに今できることを考えてみました。

主日礼拝に出席する、本を読む、散歩をする、文章を書く、家事をすこし。これらはほどほどにできていますが、もう数年したらできなくなるでしょう。歳を加えることは、それらが一つ一つ取り去られていくことかもしれません。周りの人を支えてきた自分が、自分のことしかできなくなり、さらに周りの人に支えられる者となることかもしれません。

しかし、実際はこんな単純に図式化できるものではないでしょう。人を助けていると思っている時でも助けられ、人の助けがないと生きられないと思っていても、人を励まし助けて歩んでいます。

どこにいても共に

わたくしたちの信じる神さまは「アブラハムの神、イサクの神、ヤコブの神」（出エジプト記3・6）です。

アブラハムは生まれ故郷、父の家を離れて、神さまの示す地に旅立ちました。カルデアのウルからハランに行き、ハランからカナンに行き、飢饉（ききん）のためにエジプトに下り、もう一度カナンに帰りました。それは大変な距離で、それがアブラハムの生涯でした。イサクはカナンの中を移動しましたが、ヤコブはアブラハムと同じように旅を続ける生涯でした。

しかしアブラハムも、イサクも、ヤコブも、自分がどこに置かれていても神さまがいつも共にいてくださることを知っていました。

わたくしたちと共にいてくださるのは、その地を離れたら氏子であることと無縁になる神道のように、土地に結び付く神ではありません。人がどこに行っても共にいてくださり、人（わたくし）に結び付いてくださる神さまです。

「その名はインマヌエル……『神は我々と共におられる』」（マタイ1・23）と呼ばれるイエスさまをお遣わしくださり、よみがえられてからは「わたしは世の終わりまで、いつもあなたがたと共にいる」（マタイ28・20）と宣言してくださった神さまです。

ですからわたくしたちは、自宅にいても、施設に入所していても、どこにいても神さまと共にあるのです。

生活の中に祭壇を築く

しかしアブラハムも、イサクも、ヤコブもただ旅を続けたのではありません。旅先で祭壇を築き、天地の創り主の神さまに自分を結び付けたのです。それがなければ糸の切れた凧（たこ）のように、行く先々の地に埋没してしまったことでしょう。

時には迷うこともあるでしょう。ヤコブの場合、息子たちがその地の民との間で不穏な関係になった時、「さあ、これからベテルに上ろう。わたしはその地に、苦難の時わたしに答え、旅の間わたしと共にいてくださった神のために祭壇を造る」（創世記35・3）と言いました。ベテルはヤコブが神さまの臨在を知り、既に一度祭壇を築いた場所でした。ヤコブもことあるたびに祭壇でぬかずいたのです。

わたくしたちの生活にも神さまとの関係をつなぐ祭壇を築くことは必要です。わたくしの場合、妻と二人で、朝食の前に祭壇を築いています。小島誠志著『朝の道しるべ――聖句断想366日』（教文館）を読み、その後祈り、一日に一度自分たちを整えます。

ある時わたくしが祈った後、妻がまた同じことを祈ったのです。

「祈ったのに」

「聞こえなかったわよ」

「たしかに祈りました。耳鼻科に行ったら」

「お祈りは何回してもいいの」

といった珍問答を繰り返す、これがわが家の光景でした。ところが、ある時からその珍問答がなくなりました。わたくしが祈っていて、祈るべき人の名前が出てこなくなったのです。この人のことはぜひ祈らなくてはとわかっていても、祈る時にその名前が出てこないのです。そんなことが繰り返されて、妻は堂々と名を挙げて祈りだしました。

こんなたわいもない、しかし楽しいことがいつまでできるのだろうとの思いが心をよぎります。

おひとり暮らしや家族と暮らす人など状況はさまざまあることでしょう。祭壇を築く場所や人数、時間、方法は、それぞれの生活のスタイルに合わせ無理のないようにすることがよいようです。その際、一回にかける時間、読む文章は短いほどよく、そうでないとおつゆは冷めてしまいますし、長続きしません。小島誠志氏の聖句断想シリーズや、『マザー・テレサ　日々のことば』（女子パウロ会）などをわたくしたちは用いています。

訪問をしてもらう

しかしこれらの今までできていたことができなくなってしまった時、わたくしたちはどうすればいいでしょうか。

既にわたくしの年齢をはるかに超えている方には的外れに思えるかもしれませんが、この先の数年間をシミュレーションしてみました。

いよいよ外出もままならなくなり、一人で祭壇が築けなくなったら、定期的に牧師ないし訪問担当の方に訪問していただいてはどうでしょうか。

一緒に聖書を読み、祈り、賛美歌を歌います。施設で同室の方もいらっしゃる場合には、賛美歌は朗読したらいいかもしれません。コロナウイルスがはやっている時、大宮前教会の礼拝式では賛美歌は歌わずに、皆でゆっくり朗読しました。また、聖餐にあずかり、主に在る会話を楽しみ、月定献金を託します。

茅ヶ崎平和教会の山田恵子牧師は前任地のひばりが丘教会を牧会されていた頃、いつも紙芝居を持って訪問されたそうです。ご高齢の方には紙芝居がよくわかり、お世話する未信者の家族もその訪問を楽しみにしていたそうです。四六時中お世話をしている家族にとっては息抜きの時となっていたようで、その方が天に召された後、ご家族が教会に来られるようになったとのことです。

教会で高齢の教会員の自宅や施設を訪問する時には、このように、ご本人とその家族のためにどんなことができるのかを考えていく必要があるでしょう。

これまでを思い起こす

いよいよ体が利かなくなり天井の節を見るばかりとなってもできることがあります。それは、人を腐らせず人を生かす「塩で味付けされた快い言葉」（コロサイ４・６）と笑顔を人に振る舞うことです。自分の不如意を嘆き愚痴や恨みを言うのではなく、決め付けや押し付け、自慢話をするのでもなく、感謝を口にする。愚痴は人を遠ざけ、感謝の言葉は人を集めます。

これを仏教では七施と言うそうです。眼施（優しいまなざし）、和顔施（にこやかな顔で人に接する）、愛語施（優しい言葉をかける）など、お金はなくても自分の体でできる施しです。これらは深い人生の知恵です。

それもかなわなくなったら、このようにしてはいかがでしょうか。

これまでにわたくしの上に注がれた神さまの愛や導きを振り返り、感謝をします。一日の終わりに神さまの恵みや導きに感謝をささげられたら、なんと幸いな一日でしょう。ときにはつらいことや悔いあることを思い出しますが、その時こそ「イエスさま、お頼みします」と言ってイエスさまの血で白くされた衣をかけていただき、そのすべてをイエスさまにお委ねして、ぐっすり休みます。

一日の終わりだけでなく、地上の生涯の終わり、イエスさまにお会いし、親しい友人との再会が近づいたら、感謝をもってその時を迎える、その生涯はなんとすばらしいことでしょう。

これまでの生涯がそうであったように、これからも、自宅にいても、施設に入所しても、どこにいても神さまは共にいてくださいます。わたくしが神さまと共にいるのではなく、主語は「わたしは世の終わりまで、いつもあなたがたと共にいる」と言ってくださった神さまです。

（二〇二三年九月号。日本基督教団隠退教師）

年を重ねること　2

老いの稔り　小説と写真集から

服部祥子（はっとりさちこ）

総決算の時

児童思春期を専門とする精神科医として長年生きてきましたが、私自身が高齢者になった今、老いはもっとも重要なテーマです。

思えば人は幼少期よりさまざまな経験や出来事に遭遇し、発達しつつ老いを迎えます。したがって老いはそれまでの日々をどう生きたかが問われる総決算の時です。

そして心身の機能や力の衰え、親しい人との別れ、遠くない死等が影のように迫ってくる老いを迎えたからこそ、自分の中に内包し、培ってきた何かが立ち上がり、その人の人生に深い意味をもたらす営みが始まることを精神科医として何度も見てきました。今回は小説と写真集をとりあげ、そのことを語ってみたいと思います。

終焉間近い老夫婦の困窮の果ての結びつき
――耕治人の三篇の小説より

作家の耕治人（こうはると）（一九〇六～一九八八）は五十余年連れ添った老夫婦の終焉間近の日々を、『天井から降る哀しい音』『どんなご縁で』『そうかもしれない』という三篇の小説にして書き残しました。八十歳の「私」と同年の「家内」の日常、ことに妻の言動が少しずつおかしくなり、認知症が進行していく中で、夫はうろたえ、途方に暮れながらも妻と二人で生きた困窮を極める日々を、細かに書き綴ったものです。

夫は若いころ、父母兄姉妹と、肉親という肉親のすべてを結核で失い、天涯孤独の人でした。大学を出てある婦人雑誌社で働いていた時、同僚の女性とのつきあいが始まり、結婚を申し込みます。彼女は誰とも結婚する気がなく、大学の聴講生になるつもりでしたが、遂に折れて彼との結婚を受け入れました。

子どもは生まれず、小説を書くようになった夫は定職をもたず収入が乏しかったので、妻は黙って新聞広告で見つけた仕事に就き、暮らしはずっと妻の稼ぎによって支えられました。戦争中思想犯の濡れ衣を着せられ、五〇日間留置場に入れられた時も、六十代で精神を病み、神経科の病院に入院した折も、妻は動じる色も見せず、一日おきに差し入れや見舞いに通い続けました。このように結婚以来夫は、経済的にも精神的にもまったく妻に頼りきって生きてきました。

それだけに、妻が買った物を忘れて帰ってきたり、門扉の鍵を落としたり、財布をなくしたり、得意だった料理がうまくできず、いくつもいくつも鍋を黒こげにしたりするようになり、遂には銀行から預金が底をついたという知らせも届き、夫は衝撃と困惑に陥ります。しかし買い物や掃除や洗濯等の家事を、今度は自分がすることに決めます。

そんなある日、夜中に妻にご飯の仕度ができたと言って起こされ、夫は寝ぼけ頭でテーブルの上を見ると、白々と中身の入っていない茶碗や皿が並んでいました。台所に目を向けると、妻がガスで炭火を熾(お)こしているのが見えました。夫は警報機がわめき出すことを考え、身体がふるえ、いきなり妻の顔を殴ってしまいます。実は以前妻が軽いボヤを出し、市の福祉課の人が来て天井に警報器をとりつけてくれていたのです。夫は妻を殴ったすぐ後で、原稿書きで夜更かしをする夫のために妻はご馳走(ちそう)を作ろうとしていたにちがいないと悟り、妻の前に跪(ひざまず)きたくなります。

その後久しぶりに白菜や牛肉を入れたご馳走を作ろうと妻が買い物に行きます。夫も陽気な気分でささやかな買い物に出かけ、帰ってみると真っ黒な鍋がガス台にのっており、青い火が小さく燃えていました。冷めるといけないから小さくしてあるの、と言う妻。妻は以前から夫に温かいものを食べさせようとトロ火にすることが多かったのです。案の定ガス漏れか、こもった蒸気のせいか、天井の警報器が哀しげな音で鳴り始めました。火を消して大事にはなりませんでしたが、夫はその夜耳の奥から響いてくるその音を聞きながら、父母兄姉妹の法名のあとに自分と妻のことも加えて念じます。

やがて妻の認知症はいっそう進み、ある夜便所に行くのが間に合わず、妻は寝間着を汚してしまいます。夫は湯をわかし手拭きをしぼり、妻の腰から脚の爪先まで拭いていると、妻は夫に「どんなご縁で、あなたにこんなことを」と呟きます。夫は結婚した日からの長い歳月、妻によりかかり支えられて生きてきた歳月の「ご縁」を思い起こし、妻の腰や脚を何回も何回も拭くのでした。

結局妻は福祉課の奨めでBMホームという老人施設に入所し、夫も舌の下にできものができ、痛みで食べ物が喉を通らず病院に入院します。「もう家内の手や足を拭くことができない」という罪悪感を、夫は自分が病院で苦痛の日々を送ることでいくらかでもやわらげようと願うのでした。

そして最後に、物が食べられず点滴だけで栄養をとり手術を待つ身の入院中の夫のもとに、妻が人に付き添われて訪れてきます。何も言わない妻に付き添いの人が、この人は誰ですか、ご主人ですよ、と何度も言った時、妻は「そうかもしれない」と低いけれどはっきりした声で言います。その夜目覚めて夫は、かつて妻が元気だったころ、夫がいさかいを起こしてくどくどと妻に訴えた時、夫に相槌を打つことも相手を非難することもせず、ただ一言、低い落ち着いた声で「そうかもしれない」と口にしたことが何回もあったと思い起こします。

最後の本の題名でもある「そうかもしれない」という言葉は、どんな事情であれ、ことの正否がどうであれ、そうしたものを越えて明確でゆるぎない肯定感を妻が夫に与えたという、深い意味をもつものではないかと私には思えます。だからこそ、「点滴の身を忘れ、時の経つのも忘れ、いつか私はベッドの上に正座していた。その私の体は、自然とBMホームがあると思われる方へ向いていた」という、深い感謝と浄福感と共に作品が結ばれているように思います。

耕治人はこの三篇を書き上げた直後に、亡くなりました。長く連れ添った夫婦の老いにも、このように過酷で悲痛な日々の訪れがあるかもしれません。けれど人生最後の耕治人夫妻の営みには、どんなに辛く困苦に満ちたものであろうとも、長い間共に生きてきたからこそ辿り着くことのできた深くて味わいのあるつながりが、脈々と存在しているのを感じます。甘く楽しいものとは言えませんが、どんなに苦くてもひたむきに生と死を受け入れる覚悟をもつ夫婦には、こんな豊かな老いの稔り(みの)がある、ということをしみじみと知らされました。

「私は私」と悠然と微笑む老女
――キャサリン・ヘップバーンの写真集より

秘蔵の本ほど旅をして帰ってこないものです。楽しんでもらおうと順々に人に貸したためですが、最近どうしても懐かしくなり、インターネットで探して再度手に入れた本があります。『キャサリン・ヘップバーンのプライベートな世界』という英語版の写真集です。キャサリン・ヘップバーン（一九〇七～二〇〇三）は私のもっとも好きな米国の女優で、若いころから美人というより頬骨が高く、目の光の強い独特の魅力あふれる容貌の持ち主でした。卓抜した演技力と持ち前の強い意志力でハリウッド映画界を悠々と生き抜き、史上最多の四度のアカデミー主演女優賞を手にしました。その内の三つは何と六、七十代の老年期の受賞です。

この写真集は写真家ジョン・ブライソンが一九七四年から九〇年まで、キャサリンの六十七歳から八十二歳までの日常を、自由にのびのびとカメラにおさめたものです。車を運転し、自転車をこぎ、ボートやヨットに乗り、泳ぎやテニスに興ずる彼女。雪掻き、落葉掻き、薪運び、草花の手入れに余念がなく、映画のロケや結婚式に出席している場面もあれば、湯上がりにタオルを頭に巻きつけて本を読み、パジャマを着て髪の毛をカーラーで巻いている姿もあります。ほとんどいつも無駄な飾りつけのないコットンやウールのシャツやセーター、ゆったりとしたパンツに平底靴。イヤリングもネックレスも指輪も何もつけず、目尻や口の周りの細かい皺を隠そうともしないで、あるがままの自分を楽しんでいる。こんな老女ならだれでもなってみたくなるはずです。

どうしてこんなに自由で豊かな老年をキャサリンは生きることができたのでしょうか。彼女は若い時に父親から「人生や人生の中で起こるさまざまな出来事をあまり深刻に受け止めないこと」「人を憎むような状態に自分を追いつめないこと」「ひとつのことをきちんとやれるよう努めること」を教訓として与えられた、と自著『Ｍｅ――キャサリン・ヘプバーン自伝』の中で書いています。何と賢明な人生の処方箋を彼女は手にしたことでしょう。

彼女の父親は牧師の子として生まれ、優れた小児科医になり、何よりも家族を愛した人でした。父親にならって彼女も家族好きで、終生行き詰まったり傷ついたりするたびに、故郷の肉親のもとに帰って行きました。母港が盤石の重みをもって彼女を支えたのです。

まぎれもない老女なのに不思議な生気を放っている彼女の写真を見ていると、老いには長く生きる中で得た本物の知性や強さや優しさがあると信じられます。

私は幸運な人間と自著で語り、「私は私」と微笑みつつ九六年の生涯の幕を降ろしたキャサリンの老いの日々には、感謝という稔りが豊かに息づいているようです。

（二〇一〇年二月号。日本基督教団 東神戸教会員、精神科医、大阪人間科学大学名誉教授）

年を重ねること　3

教会を支える高齢者の霊性

岡本知之（おかもと　ともゆき）

キリスト者の霊性

　ある日の集会で、一人の教友が次のようなことを語られました。「自分は若いころに洗礼を受けてから信仰一筋の生涯を歩んできた。教会に奉仕し、若い人たちを訓練し、いつも精いっぱい働いてきた。でも最近、毎日一つずつできないことが増えてきて、本当に情けなく思う。もう神さまのお役に立てないのかと思うと本当に悲しい」と。

その呻き（うめ）とも取れる問いに私は次のように答えました。否そうではない。あなたはこれまで自分が依り頼んできたものを、一つ一つ神さまにお返ししているのです。そして私たちは最後に、ただ神にのみ依り頼む者とされるのです。たとえ体が動かなくなる時が来ても、そこであなたが捧げてくださる祈りが、この群れを支えるのですと。

この方は、私が申し上げたことを瞬時に理解してくださいました。「ああ、なるほど、本当にそうでした。よくわかりました」と言ってくださったのです。

ここにキリスト者の霊性があります。なぜなら、霊性とは、この私が神の超越性と永遠性に向けて常に開かれていることを意味するからです。そしてそれは、聖霊の働きに自らを開きつつ生きることを意味します。

それ以降、「先生、今日はこれができなくなりました、でも感謝です」と、多くの方がよろこんで報告してくださるようになりました。信仰者の面目躍如だと思います。

人生の生産性と霊性

「高齢者」という言葉があります。六十五歳以上の方を高齢者とする場合が多いようですが、一説によればそれは、一八八九年にビスマルクが定めた老齢年金の受給資格が六十五歳以上であったことに由来します。

しかしこれは今から一三〇年も前の話であり、現代において、ある年代を区切って高齢者という呼称を付すことに、何ら外在的な根拠があるわけではありません。

ただその背後に、一つの明確な価値観が潜んでいることは事実です。すなわち「高齢期」とは、「人を養う立場から養ってもらう立場に変わる時」という考え方です。これはつまり、生産性の有無によって人を二分しようという発想です。

しかしこれは次の二つの点で誤った考え方であると言わざるをえません。まずこの前提は社会的事実として誤りです。今日では七十歳以上の人の約八割が、十分に社会の生産活動に参加できることがわかっています。

次に、人間の生産性や創造性を物質的な事柄に限定して考えている点が問題です。まさに「人はパンだけで生きるものではない」で、人間の生産性の本質は、霊性・魂・体の健全さにこそある（Ｉテサロニケ5・23）からです。そして、この生産性を最大限に発揮しうるのは、実は人生の成熟期を迎えた人々なのです。

この事実を無視する現代社会のあり方に警鐘を鳴らす出来事が、二十世紀の終わりにWHO（世界保健機関）において起こりました。

これまで身体・社会・精神の三つの側面で捉えられていた健康という概念に、新たに「霊的健康」の視点を加えようという提案がWHOの理事会でなされたのです。霊性における健全さを抜きにして全人的な健康を考えることはできないという指摘自体は、実に当を得たものであると思います。ところがこの霊性へのケア（スピリチュアルケア）が、一部で、死に直面する人々への終局的ケア（ターミナルケア）と混同もしくは同一視される結果となったのは残念なことでした。

言うまでもなく、人間の霊性へのケアは人生の終局においてのみ問題とされることではありません。なぜなら私たちの霊性は、人生が順風満帆、向かうところ敵なしといった時にこそ、もっとも低くなるからです。人生の絶頂で、すべてが自分の思いどおりになり、肩で風を切って歩いているような時に、人間がどれほど傲慢になり、神なしに生きていけると思うか、誰にでも思い当たるところがあるのではないでしょうか。

実はこの時にこそ、私たちは本当の意味での「牧会」を必要としているのです。そしてそこに、人生の霊的成熟期を迎えた人々の果たす、大切な役割があるのです。

霊性の回復を求めて

すでに述べたように、私たちは自分の能力や地位、自分が所有する知識や名誉の一つ一つに依存して生きています。そこに自分の誇りがあり、自負があります。

そして、だからこそ私たちには、人生の最後に、その一つ一つを神さまにお返しして、ただ神にのみ依り頼む者として、神の御前に霊的に成熟するプロセスが備えられています。まさに「主は与え、主は奪う。主の御名はほめたたえられよ」です。このプロセスを先に進んでいる先達が身近にいるなら、それに続く世代はどんなに多くのことを学ぶでしょうか。

しかしそれは同時に、お年寄りに対する、教会の行き届いた配慮の中でこそ実現する恵みであることを覚えたいと思います。教会の交わりと問安によって、お年寄りが孤独を感じることがないように配慮することは教会の大切な務めです。ここに教会全体の霊的成熟の道、霊性の回復の道があります。

真の霊性が神の超越性と永遠性への開けにあるとすれば、神は死んだと豪語する現代人のありようは、「衣食足りて霊性を欠く」の状況であると言えましょう。

この社会に霊性が回復されるためには、何よりもまず教会の霊性が深められ、保たれなければなりません。教会における霊性の回復こそは、今日における焦眉の急です。

そして教会に真の霊性を回復するために、御言葉の説教と聖餐の養いと信徒の証しとが求められています。私たちは先達の人生の証しを贈り物として受け取り、また自分の人生を一つの証しとして次の世代に贈るのです。

アブラハムが神からの召命を受けて故郷を旅立った時、彼は七十五歳でした。まさに世が言う後期高齢者からのスタートでした。そこから神は、全人類の祝福の基、また霊性の基となる、彼の新しい歩みをスタートさせたのです。私たちもまた勇気を持って、神の約束の地への歩みを、証しの生涯として歩み続けたいと思います。

サクラメントとしての人生

プロテスタント教会では洗礼と聖餐をサクラメントとして祝います。しかしそれは、この二つの出来事を私たちの人生の現実から切り離して祝うことを意味しません。洗礼は、この私のキリスト者としての生涯の出発点にただ一度置かれた、神の救いの恵みのしるしであり、私たちの人生の原点であります。

これに対して聖餐は、洗礼から始まるキリスト者としての生活を絶えることなく養う霊的食物であり、そのゆえに私たちはこれに繰り返し与りつつ、その生涯を歩むのです。とすれば、大胆な言い方かもしれませんが、洗礼によって始まり、聖餐によって養われ続ける私たちの人生そのものが、神の救いと恵みのしるし、すなわちサクラメントとなると言ってよいのです。

今仕える教会に赴任してまもなく、求めに応じて一人の教会員をその病床に訪問しました。そしてその方の手をとって、耳元に語りかけ、祈りを捧げました。

「あなたがどれほど深くこの教会を愛し、兄弟姉妹たちのために働いてくださったか、よくわかっています。本当にご苦労さまでした。そして本当にありがとうございました。神よ、この方の全存在をあなたの御懐にしっかりと抱き止めてください」と。

その時、その方の目から一筋の涙が流れ、この数か月閉ざされたままであった口が開き、苦しい息の下から、その方ははっきりと言われたのです。「アーメン！」と。

この出来事を通して、私は初めてアーメンという言葉の意味を知った思いがいたしました。この方は、着任後まもない牧師の祈りに心の底からのアーメンを言うことを通して、その祈りを祈る者の存在そのものを受け容れ、さらに自分の教会の牧師としても、この私を受け容れてくださったのです。

私は今も、この方がその人生の最後に発せられた「アーメン！」のひと言によって励まされ、支えられて歩んでいます。そこに、召されてなお他者を生かす、サクラメントとしての信仰者の生涯が立ち上がって来るのです。

教会に集うすべての者が、聖霊の導きのもとに、その祝福を生きるものでありたいと願います。

（二〇一〇年二月号。掲載時、日本基督教団 西宮教会牧師。現在、隠退教師）

年輪

松田明三郎（まつだあけみろう）

私は樹木の年輪をみて
わが生涯の年輪を思う。
幸福な人生の春にはのびのびと成長し、
きびしい試練の冬にはちぢこまった痕を残し、
年ごとに層を加え、
数えてみれば六十にあまる同心の円輪である。
少年の日、水に溺れようとして友に助けられ、
青年の頃胸を病んで
人生に望みを失った時、

キリストによって救われた。
戦いはげしい時には、
爆弾や焼夷弾が
雨のように降る都心に住んでいたが、
奇跡的に生き残された。
ああ主よ！
私の時はあなたのみ手にあります。
私はかつて無価値な一本の苗木にすぎなかった。
だが今、
いささか価値ある僕（しもべ）であるとするならば、
それは全く
年輪を重ねることをゆるして下さった
主の恩寵の故なのである。

（松田明三郎『詩集　星を動かす少女』福永書店より）

最上のわざ

ヘルマン・ホイヴェルスが友人からもらった詩

この世の最上のわざは何？
楽しい心で年をとり、
働きたいけれども休み、
しゃべりたいけれども黙り、
失望しそうなときに希望し、
従順に、平静に、おのれの十字架をになう——。
若者が元気いっぱいで神の道をあゆむのを見ても、ねたまず、
人のために働くよりも、けんきょに人の世話になり、
弱って、もはや人のために役だたずとも、親切で柔和であること——。

老いの重荷は神の賜物。
古びた心に、これで最後のみがきをかける。まことのふるさとへ行くために――。
おのれをこの世につなぐくさりを少しずつはずしていくのは、真にえらい仕事――。
こうして何もできなくなれば、それをけんそんに承諾するのだ。
神は最後にいちばんよい仕事を残してくださる。それは祈りだ――。
手は何もできない。けれども最後まで合掌できる。
愛するすべての人のうえに、神の恵みを求めるために――。
すべてをなし終えたら、臨終の床に神の声をきくだろう。
「来よ、わが友よ、われなんじを見捨てじ」と――。

（ヘルマン・ホイヴェルス『人生の秋に　ヘルマン・ホイヴェルス随想集』春秋社より）

主よ　ともに宿りませ

ヘンリー・フランシス・ライト
小塩トシ子訳

主よ、私とともに宿ってください。夜のとばりはすでに降りて
暮色も増しています。どうか主よ、ともにいてください。
助け手の人びとも助けられず、なぐさめも消え去ります。
寄る辺なき身の助け主、ああ、あなたが私とともに宿ってください。

短いいのちの暮れ近く、引き潮のように速やかに
かすむ地上の喜びは、栄華とともに過ぎ去って
わが身近くにあるのはただ、変化と滅びのみ。

ああ主よ、変わることのない主よ、私とともに宿ってください。

過ぎ行くひと時ひと時にあなたが側にいたもうなら
その恵みこそ私の力、いざなう者に立ち向かう。
誰があなたのほかに私を導き、守り手となり得ましょう?
晴れた日も雨の日も、ああ、私の近くにとどまってください。

あなたが近くにあって祝福してくださるなら
私はどんな敵も恐れず、病も涙も何ものでもありません。
死の棘はどこに? 墓よ、おまえの勝利はいずこにあるのか?
あなたが私の側におられれば、つねに私は勝ちを得ています。

私の両眼が閉じようとする時、目の前に十字架をかかげて見せ
闇をつらぬく光をもって、私に大空を指し示してください。

そうすれば天の国の朝が開け、地上の空しい影は消え去ります。
生きるにも死の際にも、ああ主よ、私とともに宿ってください。
（小塩トシ子編訳『歓びのうた、祈りのこころ』日本キリスト教団出版局より）

認知症と教会　1

聖書は人間をどう理解するか

小宮山（こみやま） 剛（つよし）

私は一歳で病気のために死にかけましたが、牧師に祈ってもらい、奇跡的に回復しました。そのとき母は、イエスさまに、教会の礼拝を生涯休まないと約束したそうです。

その信仰の人であった母が、年老いて次第に聖書を読むことも祈ることもしなくなり、認知症に加えてパーキンソン病が進んで言葉も発しなくなり、祈りに「アーメン」と唱和することもなくなる。これは病気なのだと自らに言い聞かせつつも、一方では「信仰はどうなったのか」と思わずにはおれませんでした。

しかし、あらためて御言葉に耳を傾けると、そこには神への信頼を呼び覚ます、希望と励ましが満ちていました。

特別な存在である人間

まず聖書は、神が人間を特別な存在として造られたことを記しています。
「主なる神は、土の塵(ちり)で人を形づくり、その鼻に命の息を吹き入れられた。人はこうして生きる者となった」(創世記2・7)
想像してみますと、神が御顔を私たちの顔に近づけて、鼻から命の息を吹き入れる。そして私たちは生きる者となった……。何かとても大切に命を与えてくださったことが、ジーンと伝わってきます。この「息」という言葉は、ヘブライ語で「霊」という意味もあります。神によって、体と共に霊が与えられた。大切な存在として造られたのです。
その大切に造られた人間が、エデンの園で罪を犯し、死が入り込みました。死が入り込んだということは、死の原因となる病が入り込んだということでもあります。こうして人間は、体が衰え、やがて死ぬ者となってしまいました。

救いへの道筋は示されている

しかし、神はその人間をお見捨てにならず、救うために導いていかれる。それが聖書に記されている救いの歴史です。そしてご計画に従って、私たちを救うために、この世に人の子としてお生まれになったのがイエス・キリストです。イエスさまが十字架にかかられ、死から復活されたとき、それは罪の赦しと滅びからの救いを確かに告げるものとなりました。

イエスさまの復活は、一人イエスさまの復活にとどまらず、イエスさまを信じる者の復活をも約束するものでした。

「しかし、実際、キリストは死者の中から復活し、眠りについた人たちの初穂となられました」（Ｉコリント15・20）

復活は、霊魂が生きるというだけではなく、朽ちることのない新しい体が与えられることです（同52節）。

認知症は霊の病ではなく、体の病です。ですから復活のときには、全く癒やされ、新しい体によみがえる。そして天の国の神の前で、共に礼拝をささげる。これが私たちに与えられている究極の希望です。

それは、主なる神がなされる人間の救いの完成です。その神を主語にしたときに、疑問の解決が見えてきます。

「イスラエルよ、まことにあなたは私の僕。私はあなたを形づくった。あなたは私の僕。イスラエルよ、あなたは私に忘れられることはない」（イザヤ書44・21、聖書協会共同訳）

たとえ病で記憶を失ったとしても、主は私たちをお忘れにならない。主の中に、私たちの記憶も生きている。神の国において、主が、失われた記憶を戻してくださると信じることができます。

霊は衰えないばかりか

家族が認知症になったとき、その介護が十分できずに、自責の念にとらわれるかもしれません。しかし、私たちは、何よりも、その人に代わって祈るということができます。四人の男が体のまひした人を担いで、家の屋根をはがしてイエスさまの前につり降ろした出来事（マルコ2・1〜12）が福音書にあります。その人の分まで信仰生活を送るという気持ちが用いられます。

そして体は衰えても、イエスさまを通して私たちの内に与えられた霊は衰えることがありません。それればかりか、主が私たちを成長させてくださいます。

「だから、わたしたちは落胆しません。たとえわたしたちの『外なる人』は衰えていくとしても、わたしたちの『内なる人』は日々新たにされていきます」（Ⅱコリント4・16）

そのようにしてくださる主に、すべてをゆだねることが許されています。

（二〇二一年一〇月号。日本基督教団 逗子教会牧師）

認知症と教会　2

「私として」生きることを支える

山﨑（やまざき）ハコネ

日本の二〇二〇年の高齢化率（総人口に占める六十五歳以上の割合）は二八・七パーセントで、今後も高水準を維持していくでしょう。認知症患者数も増加の一途をたどり、二〇一八年度には五〇〇万人を超えました。二〇二五年には七〇〇万人と推計され、六十五歳以上の五人に一人が認知症になると見込まれています。

認知症とは

そもそも、認知症とはどのような病気なのでしょうか。公益社団法人日本WHO協会は、「認知症とは、記憶、思考、行動及び日常生活の活動能力が低下する症候群です」と説明しています。人間の司令塔である脳の細胞が死滅したり、働きが悪くなることによってさまざまな障害が起こり、生活のあらゆる場で支障が出ている状態の総称です。

最も多いのはアルツハイマー型認知症です。これは脳の一部が萎縮していく過程でおきる認知症で、もの忘れで発症することが多く、ゆっくりと進行します。

次いで多いのが脳梗塞や脳出血などの脳血管障害による脳血管性認知症です。障害を負った脳の部位によって症状が異なるため、一部の認知機能は保たれている「まだら認知症」が特徴です。

その他に、現実には見えないものが見える、身体の動きが少なくなり転びやすくなる、においがわからなくなるなどの症状が現れるレビー小体型認知症、他人のものであろうと食べたいものに手を出すなど、本能のおもむくままに行動してしまうために周囲の対応が難しい前頭側頭型認知症があります。

それぞれの特性を知ることは大切です。しかしもっと大切なのは、認知症になっても、なる前と同様に豊かな感情と尊厳を持つ人間であると認識することです。特性を知り、共に生きる手がかりを求めましょう。

ある伝道者夫妻の経験

認知症は本人の脳の病気というだけでなく、周囲の関わり方によって状況が大きく変わります。

本人の意志を無視して急がせたり、指示したり、あるいは本人の努力をあきらめさせるような言動を周囲が取れば、認知症の人は大声を出したり反抗的な態度を見せたりします。しかし周囲の理解とサポート、医療や介護などがあれば、その人らしく生き続けることができます。

具体的な事例をご紹介します。「認知症フォーラムドットコム」というホームページで「私は私として生きていきたい」という動画を見ることができます（https://www.ninchisho-forum.com/movie/n-123_01.html）。現在は引退していますが、大阪の堺シオン福音教会で伝道師を務めた吉田多美子さん（七十八歳）と、牧師であった吉田晋悟さん（七十七歳）のインタビューや、人生の歩みを記録した動画です。

多美子さんは六十三歳のとき、若年性アルツハイマー型認知症と診断されました。教会に仕える道半ばでの告知は、ご夫婦にとってたいへんな衝撃であったでしょう。告知当時の気持ちを彼女は日記に記しています。「アルツハイマーの告知を受けて五か月、私の死、この戦いと直面」「主なる神様、私をたすけて下さい。私の頭がどうにもなりません」。しかし時間を経て、ある日の日記に自分を受け入れるという告白をつづるのです。「はだかのみにくい姿をさらして、十字架を負って歩くとは、こう言う事。私は私として生きていきたい」。

その多美子さんについて晋悟さんは、神に委ねて生きるという妻の姿勢は昔も今も変わらないと言います。そして診断後も、夫婦で教会の礼拝につながり続けています。

晋悟さんのFacebookには、教会での多美子さんを写した何年分もの写真が記録として残されています。コロナ以前の二〇一九年十二月二十日には「認知症の妻も自然に溶け込んで楽しんでいる様子」とあり、多美子さんが聖歌隊の中央で生き生きと賛美している写真が投稿されていました。周囲の理解とサポートによって、多美子さんは「私として」生きています。

礼拝は安心の時

皆さんの教会ではどうですか。礼拝出席者の中に認知症の方はいるでしょうか。認知症の方が安心して参加できる集会は開かれているでしょうか。

日本の教会は「来る者拒まず、去る者追わず」をモットーとしてきたところがあります。しかし人知れず礼拝に来なくなった（来られなくなった）方の中に認知症の方がいるのではないでしょうか。これからも「去る者追わず」でよいのか、と神さまに問われている気がします。

認知症の人に礼拝ができるのだろうか、と思うかもしれませんが、私自身は毎週、認知症の方と礼拝をささげています。

私は一九九八年に、新潟市内に高齢者グループホームからし種の家（現在、社会福祉法人からし種の会）を創設しました。敬和学園大学の教員となった今も、認知症の方々や職員等と日曜日の午後、三〇分の礼拝を三か所で行っています。

その礼拝では、認知症の人も職員も一緒に座って大きな声で賛美歌を歌い、説教に耳を傾けます。主の祈りの言葉がすらすら出てきます。コロナ禍の今はオンライン礼拝も多くなりました。画面越しに認知症の方々の表情がよく見え、賛美歌を歌う唇が動いている様子まで映ります。認知症の方々同士で賛美歌の番号を教え合うこともあります。歌詞の場所がわからない様子がうかがえるときは、職員がそっとその箇所に指を添えて、一緒に歌っています。礼拝の時間は不思議と皆さん、落ち着いていて、集中できるようです。

認知症の人は記憶に不安を持っているので、プログラムが固定されていると安心します。私たちの礼拝は日曜日の同じ時間に、同じ賛美歌で始まります。牧師の顔も見慣れています。そういう環境で安らぐことができるのです。

この礼拝から何人か受洗者が生まれています。最初の方はルカによる福音書15章の見失った羊のたとえを聞き、「この羊は俺のことだ」とわかって洗礼を決意しました。新潟愛泉伝道所で行われた洗礼式は、途中で「便所！」と言う場面もありましたが、教会の方々の見守りの中で無事に終えることができました。

「伝わる言葉」を見つけよう

皆さんの教会でも、認知症の方のために何か始めることができるはずです。教会まで来るのが難しいのであれば、教会で担当者を決めて、認知症の方をお迎えに行くのはどうでしょう。最初のうちは日曜日の朝、迎えに行っても拒まれるかもしれません。その場合は、あせらず、無理せず、まずは顔と名前を覚えてもらうだけでよいのです。お迎えに行けば家族との関係を築くこともできます。本人は教会に行きたいと願っても、家族が迷惑になるからと止めてしまうのはよくあることです。家族との信頼関係をつくり、教会が安心して来られる場所であることを伝えましょう。

実際に、認知症の人が教会に来た場合、どう接するとよいでしょうか。関係づくりのこつは、

①認知症の人の目を見ながら正面から近づく、
②本人の目線より低い位置から自分の名前を名乗る、
③親しみをこめたまなざしと笑みをもってあいさつし、

係を築いていきましょう。

④「お手伝いできることはありませんか」とゆっくり、はっきり話す、といったことです。あなたの顔や声が、見慣れた顔、聞き慣れた声になるまで地道に関係を築いていきましょう。

また例えば、お茶を飲むという交わりは楽しい時間です。ところが飲み終えたコップを片付けようと持ち上げた瞬間、認知症の人が急に怒り出すというような興奮状態が生じ、驚くことがあると思います。自分のものが奪われたと誤解したのです。皆さんが同じ反応をするわけではないので、性格や認知・行動パターンを本人から学んでいきましょう。この試行錯誤が、その人らしさを保ちながら、安心して居続けられる環境を準備します。

認知症の人や高齢者に配慮した、短い礼拝プログラムを用意するのもよいでしょう。本人が緊張しない場所・人・時間帯を工夫しながら、認知症本人に「伝わる言葉」を見つけていくことが大切です。賛美歌は皆さん大好きです。また、ご家族の名前を挙げての祈りもよく伝わります。その方のこれまでの人生と響き合うような聖書の物語がきっとあるはずです。ご本人の思いを尊重しつつ、一緒に礼拝を作っていきましょう。

イエス・キリストは「見失った一匹を見つけ出すまで捜し回らないだろうか」（ルカ15・

4）と出かけます。教会の取り組みは、このイエスに倣う実践です。みなさんの教会が大切にしてきた礼拝と伝道の使命の中に、今後、ぜひ認知症の方やその家族を含めてください。その方々と一緒に生きる共生の道を求めて、祈り働いていきましょう。

（二〇二一年一〇月号。敬和学園大学教授）

認知症と教会　3

教会はどのように認知症と向き合っているか

牧師として

金田佐久子（かねださくこ）

Kさん（女性）は、一九九九年に当教会に転入されました。そのときは七十代のはじめで、まだ体力もあり、主日礼拝と木曜日の午前の昼間祈祷会に喜んで出席し、同じ年頃の女性たちと親しく過ごしておられました。

常に笑顔を絶やさない、穏やかな語り口の方でした。持病のため車に乗ると不調になり、自転車にも乗らないので、徒歩で教会に来ていました。ですから八十歳を過ぎ自力で教会に来るのが困難になると、お休みが続きました。週報などお届けしたとき、お話の内容がちぐはぐなこともありました。やがてご家族から、認知症のため老人ホームに入居したと連絡をいただきました。

Kさんはホームに入居されて、かえって体調は安定しました。私は牧師として、ご家族の希望によって毎月訪問しておりました。また、教会の信仰の友が折々にお訪ねすると、喜んで迎え入れてくれました。

私が訪問するときには、聖書の朗読をし、短い説教、賛美歌を歌って、その後いろいろなお話をする、一時間ほどの楽しいひとときを一緒に過ごしました。Kさんはお連れ合いと共にご苦労して事業を立ち上げた経験があるので、私が主任牧師として教会の責任を負っていることを、訪問のたびに励ましてくださいました。子どもと一緒の礼拝を始めようとしていたときには、「やってみなければわからないわよ」と、エールをくださいました。

ご家族によると、私が訪問したこともKさんはすぐに忘れるということでしたが、私は、Kさんが「今このとき」を生きているのだと思いました。Kさんが認知症であっても、いつも笑顔を絶やさず、気遣いし、励ましてくださったことに、感銘を受けていました。

ご家族は、Kさんの信仰を大切にしてくださり、Kさんに代わって月定献金をささげ続けてくださいました。脳梗塞で体調を崩し、二〇二一年一月に息を引き取られました。コロナ禍でしたが、礼拝堂で葬儀を行いました。

八十代のSさん（男性）は、今もお元気で、お連れ合いのTさんと一緒に礼拝に励んで来られます。

数年前、Sさんは脳梗塞を患い、その後、物忘れが増えていきました。また、電車で降りる駅を間違えて、遠くまで行ってしまったこともありました。時間によって認知症の症状に差がある「まだら認知症」で要介護1と認定されました。

今ではすっかりデイサービスに行く生活も身に付いています。そしてショートステイも利用し始めました。

先日、Ｓさんがショートステイから帰宅したとき、タイミング悪く家に誰もいませんでした。Ｔさんが帰宅するとＳさんがいません。しかし近くの公園で保護され、無事帰宅できました。

このときＳさんは、心細くなり「神さま、助けてください」と祈ったとのこと。毎朝、ＳさんとＴさんは聖書を読み、お祈りしていますが、やはり「日々のお祈りは大切だね」と二人で神さまに感謝のお祈りをささげたということです。

筆者の同居の父も軽度の認知症なので、Ｔさんとはよく介護の苦労を分かち合い、励まし合っています。礼拝で、Ｓさんの顔が見えるとホッとして、皆、うれしくなります。


（日本基督教団 西川口教会牧師）

牧師の家族として

取材・『信徒の友』編集部

現役の牧師が認知症となったとき、牧師に、また教会に起こるのはどのようなことだろうか。ある牧師の家族に話を聞いた。

およそ二〇年前のこと、さほど高齢ではなかった牧師の体調が悪化していった。家族と病院を訪れたが、原因がはっきりとしない。体調不良の続く中、医師からはうつ病、パーキンソン症候群、あるときは仮病だとすら言われてしまう。

にこやかだった表情が牧師から失われた。意思に反して表情が動かないのだ。対面での牧会に困難を覚え、体力的にも牧師としての務めを果たしきれないと実感した牧師は葛藤する。

診断が定まらない中、教会では教会員はじめ関係者が皆牧師の心配をし、回復を待ち祈りつつ、牧師の変化を見守った。現状を受け止める声も、回復の遅さを案じて戸惑う声もあった。「教会のこれから、また牧会者を失うことへの不安を考えれば当然だと思う。そのような中で、よく見守り、支えてくださった」と、家族は振り返る。

認知症に対する医療は日進月歩だが、当時は診断のつきにくいタイプであったことが診断を遅らせた。「痴呆」と記されてきたものを厚生労働省が「認知症」と改定したのは二〇〇四年のこと。世間もまた、病気に対する認識が今よりも低かった。

考える力が衰えていくことへのいらだち、身体的な変化の進行、願う仕方での奉仕ができないこと……。牧師は葛藤のうちにも不可逆的に症状が進行していくことを自覚し、隠退を決意した。

家族としては隠退後も含めた闘病の中で、本人の安定や尊厳を守ることを優先し、来訪客を断腸の思いで固辞せざるを得ないこともあった。今となれば、周囲にも本人にももっと別の対応ができたかもしれないとの思いもあり、経験を語ることへのためらいがあった。「それでも、一人の牧師の存在を主が用いてくださったことを思います。認知症の研究や対応策そして情報の共有が格段に進んだ今、何が参考になるかはわかりませんが」と語る。

認知症の症状は多様であり、直面すれば教会は揺れ動くだろう。しかし、認知症となることもまた自然なことだとの認識を持ち、その可能性に心備えをしておきたい。

（二〇二一年一〇月号）

認知症と教会　4

父・長谷川和夫の今

南髙（みなみたか）まり

父の長谷川和夫は医師として、認知症医療（認知症を検査するための長谷川式スケールを開発）とケアの人材育成に携わってきました。また父は二十歳で受洗し、医師になる以前から祈りの生活を送ってきました。私はこの一〇年、たびたび父の講演会や取材に黒子として付いていく機会がありました。その折に父が語ったことなどを紹介いたします。

二〇〇八年の銀座教会の会報『一粒の麦』に、父は「私の今」というタイトルで文章を

筆者（左）と父の長谷川和夫氏。２人の共著として、『父と娘の認知症日記』（中央法規出版）がある。
長谷川和夫氏は1929年生まれ。認知症介護研究・研修東京センター名誉センター長。聖マリアンナ医科大学名誉教授。認知症の患者本人の視点に立ってケアを行う「パーソン・センタード・ケア」の普及に尽力。銀座教会員。

寄せています。
「『なぜなら、わたしたちは神に造られたものであり、しかも、神が前もって準備してくださった善い業のために、キリスト・イエスにおいて造られたからです。わたしたちは、その善い業を行って歩むのです。』（エフェソ２・10）
五月のある朝、主への祈りの時に与えられた聖句である。祈りの時をもって一日を始め、そして就寝の夕べに再び祈りの時をもつことが、私にとっては主の支えを身近に体験させて頂く恵みの時である」
当時は、クリニックで認知症の方の

診察に携わっていました。『一粒の麦』には、二人の方との出会いも記されていました。

クリスチャンの友人が認知症にかかり、診察を受けに来たそうです。父が受洗した当時からの付き合いのある方です。過去の記憶が抜け落ちてしまう記憶障害が著しく、日常の生活に支障をきたす中、何とか言葉のやりとりはこなしているような状態です。その方はゆっくりと「今はね、認知症になったことも神さまに感謝しています」と言いました。あえてなぜ？　とは聞かず、深くうなずいた、と父は記します。

また認知症になった別のクリスチャンからは「認知症になって、かえって広い分野で多くの友人を作れた。神さまに感謝しています」と聞きました。

認知症になっても、突然人が変わるわけではありません。人は尊厳を保ち、神をたたえる力を与えられていることを、父は認知症の方々から感じたようです。この時期の父はこうした認知症の方の思いを支えることが大切だと、強い使命感を持っていたと思います。

認知症となってから

その父が二〇一八年、八十八歳で認知症の診断を受けました。心身の変調を自覚し始めたのはさらにその三年前、二〇一五年ころだったようです。

診断を受けてからはそのことを公表してきた専門医でも認知症になるのだから誰でも認知症となる可能性があること、予防を呼びかけてきた専門医でも認知症の人への接し方を皆様に知っていただくことを自分の役割として、認知症の人の思いや希望を発信してきました。

認知症と診断されたときのことを、ショックではあったが、それを自然に受け入れる信仰を神さまが与えてくださり、守ってくださっているという感覚があったと、後に父は言っていました。もちろん記憶力や判断力の衰えに加え、高齢による体力や筋力の弱りがありますから、もどかしくなるとき、悲しく苦しい気持ちになるときはたくさんあると思います。それでも、ありのままを受け入れる力をいただいていると言います。

「僕は認知症になったでしょ。だからね、『認知症の人と家族の会』の顧問をしているから、（これからも）そこへ行くとみんな僕のことを理解してくれるから『やあ、やあ』って言える。友達みたいにね。健常な人は認知症の人と話すのが難しいと思うかもしれないけど、僕は自分がそうだから、認知症の人の気持ちがわかった上で話せるし、健常な人とももちろん話せる。認知症のおかげで世界が広がった。だからすごく幸せ」（『父と娘の認

知症日記』より）

父が自分の状態をこのように受け入れていることに驚きますが、最近はこんなことも話してくれました。「認知症になってからの方が神さまが身近にいてくださっている感じがするよ。恵みの道を歩いているんだ。私たちが選んだのではなく、神さまが僕を選んでくださったのだからね」。

確かに父は神さまに支えられ、神さまが作ってくださった方々との絆によって日々感謝をして穏やかに過ごせています。

家族としての思い

二〇二〇年、父は母と共に老人ホームに入居しました。それまでは父がひとりで出かけてしまったり、転倒してケガをしたことがありました。離れて暮らしているので、アクシデントが起きるたび、飛んで行きたくなりました。ホームにいるから安心と思いながらも、コロナ禍にあっては共に過ごせる時間が短く、もどかしさを抱えています。いつも安らぎを与えてくれるのは祈り、感謝する時間です。

認知症になった今も、いつも混乱しているわけではなく、とても良い状態のときは、父がいろいろなことを話してくれます。認知症の人に対しては待つことが大事です。気持ちが混乱しているときも、言葉が出てくるのを待つ。それが聴くことだと父に教わりました。上手な聴き手があれば、豊かな感性をもって言葉を伝えてくれるのです。

また最近、父の許しを得て古い日記を見せてもらう機会がありました。父は三〇年以上にわたって、毎日日記を付けていましたが、その年ごとに特に心に残ったことを日記帳の最後に書くことがありました。二〇〇〇年の日記の最後にはこうありました。「信仰は非常のためでなく、常時に必要なもの。神頼み、病気、災難でなく、日常の普通の生活に必要なんだ」。

確かにそうです。二十歳のときから一心に歩いてきた信仰の道が、今に続いていて、父の今の日常を支えています。

父は三〇年ほど前の著書に「最上のわざ」という詩を掲載しました。ドイツ人のカトリック司祭ヘルマン・ホイヴェルスが母国で友人からもらった詩だそうです。その終わりにこのようにあります。

神は最後にいちばんよい仕事を残してくださる。それは祈りだ――。
手は何もできない。けれども最後まで合掌できる。
愛するすべての人のうえに、神の恵みを求めるために――。
すべてをなし終えたら、臨終の床に神の声をきくだろう。
「来よ、わが友よ、われなんじを見捨てじ」と。

（『人生の秋に――ヘルマン・ホイヴェルス随想集』春秋社）

認知症になると、できなくなることも確かにあります。でもできることもたくさんあります。最後まで残る究極の仕事が祈ること。父が母と一緒に、聖書と賛美歌を携えて、日々感謝しつつ生きていけますように。主に感謝してお祈りしています。

（二〇二一年一〇月号。日本基督教団 銀座教会員）

認知症と教会　5

教会で認知症カフェ

二宮（にのみや）　忍（しのぶ）

関キリスト教会には、会堂に隣接する幼稚園園舎がありました。今は使っていないこの建物をどうするか。朽ち果てるままにするのか。皆で話し合った結果、教会員が力を持ち寄ってリフォームし、二〇一九年春に「教会カフェ・ヴァイン」をオープンさせました。

現在、毎週木曜日の午後に本格的なカフェを開いています。そして第三木曜日には、午前一〇時より約二時間、この場で認知症カフェ「ぶどうカフェ」を行っています。

認知症カフェを提案したのは当教会の橋谷英徳牧師です。お母様が認知症になったことで認知症カフェの存在を知ったそうです。牧師の提案に教会員も賛同し、教会が地域に仕える大切な働きとして認知症カフェを開始しました。

共に過ごすこと自体が目的

カフェのスタッフは五～六名。全てキリスト者で、私もその一員です。

カフェの一週間前にはスタッフが集い、準備会を開きます。この会で次週のために必要なことを確認するほか、『地域を変える　認知症カフェ企画・運営マニュアル――おさえておきたい原則と継続のポイント』（矢吹知之、ベレ・ミーセン編著、中央法規出版）を交代で朗読し、カフェについての学びを続けています。

私は作業療法士です。仕事では高齢者の病棟に関わっていますが、ぶどうカフェ準備の学びで、日ごろの患者さんとの関わりが時に不適切であったことを反省させられることも多々あります。

そして当日の朝、スタッフは開始三〇分前にお祈りをして、準備に取り掛かります。

認知症カフェは、1997年にオランダで始まって、世界の国々に広がりつつあります。教会の働きとして始めてみて、認知症カフェとキリスト教の思想には親和性があることを強く感じています。「人間は健康なときも病を得ても、変わらない尊厳を持つ」という聖書の人間理解が、このカフェにとってとても大切なのです。日本の諸地域に、また諸教会に、良い仕方で認知症カフェが広がることを心から願っています。

（関キリスト教会牧師　橋谷英徳）

テーブルを拭く、コーヒーやお菓子を準備する、受付を整える、音響設備をチェックするなどです。

そうこうするうちに、ご近所の高齢者や、教会員の運転する車で高齢の教会員が集まってきます。認知症になった家族と共に参加する地域の方々もいます。スタッフ、そして市役所で高齢者福祉を担当する職員も加わり、一緒に時間を過ごします。カフェの中で、認知症に関してのわかりやすい「ミニ講話」も行われます。毎回、スタッフを含めて二〇～三〇名の出席があります。

カフェでは参加者の水平の関係性が重んじられます。全員が受け手であり与え手でもあるのです。ミニ講話の他には特別なプログラムはなく、みんなでお茶を飲みつつ語り合います。途中参加、途中退出も自由です。終始にぎやかでありながらも、穏やかで落ち着いた時間が流れていきます。

この時間によって、認知症の方の認知機能を回復させるというようなことが目的ではありません。受け入れ合い、共に過ごすこと自体が認知症カフェの目的です。「地域の中で一緒に生きていきましょう」というメッセージが、ただの合言葉で終わらず、参加する人全体の共通認識となることを目指しています。「認知症の方と一緒にいる」というソフトな見守りを重んじつつ、このカフェを続けていくことを願っています。

共に問い、共に学びながら

二〇二〇年より、新型コロナ感染症が広がり始め、私たちの住む地域でも心配な状況になったことが幾度もありました。やむなく、ぶどうカフェを中止した月もありましたが、それはわずか数回です。

私たちはどうしたらぶどうカフェを実施できるかを考え、窓を開けて換気し、受付で体温測定し、お菓子を小袋に分けて持ち帰りにするなどの工夫をして、コロナ禍の今もぶどうカフェを継続しています。地域の人がとても楽しみにしてくださっているとも聞いています。

私たちのカフェは、まだまだ始まったばかりです。「認知症カフェとは何か」「教会で認知症カフェを行うことの意味はなんだろう」と共に問い、共に学びながら経験を重ねているところです。

（二〇二一年一〇月号。日本キリスト改革派 関キリスト教会員）

施設入所・介護　1

ケアマネジャーと考える　施設入所までのケーススタディ

奥村真奈美（おくむらまなみ）

「施設入所」に対してどのようなイメージをお持ちでしょうか。住み慣れた自宅を離れ、新しい環境の中に身を置くのですから、不安や寂しさを感じる方が自然かもしれません。また「施設選び」に対してはどうでしょうか。わからない、面倒など、こちらもいいイメージを持つ方は少ないかもしれません。

私はこれまでケアマネジャーとして、施設入所についていろいろな方と、また施設と関わってきました。ケアマネジャーとは、ケアプランの作成や、サービス事業所との調整などを行う専門職です。

すべての施設を網羅することはできませんが、施設入所や施設選びをめぐる基本と、具体的なケースについてお話ししたいと思います。

施設選びの前に

地域包括ケアシステムをご存じでしょうか。私たちケアマネジャーはこのシステムの実現に向けて日々仕事に励んでいます。「住まい」を中心に、医療や介護、予防など地域の中で助け合う仕組みのことで、「住まい」は必ずしも自宅でなく、施設でもかまいません。可能なかぎり住み慣れた地域で自立した日常生活を送ることを目標に掲げています。

ですから「いよいよ自宅では難しい」となる前に、まずは地域包括支援センターや市役所などの行政に相談するのが重要です。介護認定を受けて、在宅サービスを利用してみてください。その際、さまざまな在宅サービスが利用できるようケアマネジャーが支援します。その延長線上に施設入所があるのです。

かつては入所する施設を役所が決めていました。しかし近年の法改正により、入所する施設を自分で選び、決められるようになりました。そのため基本的に、施設を探すのは自分です（高齢者施設について、本書八五ページを参照）。

ケアマネジャーがケアマネジメントの一環として、施設選びの支援をすることはありますが、これはそのような取り決めをしている場合に限られます。

認知症とからだのケアが必要

Aさん（八十二歳男性、要介護3、戸建てで独身の長女と同居）は物忘れが激しく、歩行も少しずつ困難になっていたため、妻が献身的に介護していました。妻はいつも「お父さんを残しては死ねない。でも、私に何かあったらお願いね」とおっしゃっていました。ところが、しばらくして妻は脳梗塞で倒れ、帰らぬ人に。同居の長女は仕事が忙しく、介護は難しい状態でした。

今後について事務所で長女と相談していたところ、ある特別養護老人ホームから「入所を希望する認知症の診断がある要介護3以上の人はいませんか」と、電話がかかってきました。

Aさんの場合、有料老人ホームへの入所も考えられましたが、認知症ケア専門士の在籍している特別養護老人ホームに決めました。短期入所で少しつなぎ、無事入所。ご逝去されたお連れ合いとの約束を果たすことができてほっとしました。

自宅と近い生活を

Bさん（七十八歳女性、要支援1、戸建てで一人暮らし）は心臓に疾患がある方でした。長男と相談のうえ、見守り下で暮らしたほうが安心ということで、施設入居を希望されました。

Bさんの条件は、外出は自由、趣味の書道などができ、レクリエーションもたくさんあるところ、また部屋にキッチンが欲しい、たまには自分で料理もしたいというもの。自宅と近い生活が送れるような施設を探すことになりました。

施設紹介センターの紹介で、条件にぴったりの住宅型有料老人ホームが見つかり、Bさんはそこに入居できました。コロナ感染防止のため、外出は制限されてしまいましたが、食材は生協を利用するなど工夫し、施設ロビーにはBさんの書いた書道の作品が飾られています。

施設紹介センターとは、無料で条件にあった施設を探してくれる会社です。入居が成約した場合、費用は施設側が支払うことになっています。

決め手はかつて通ったお店

Cさん（八十九歳女性、要介護3、戸建てで長女夫妻と同居）は物忘れが進み、排泄の失敗が多くなる、介護を拒否して大声を出すなどの周辺症状が強くなってきました。

長女は、Cさんが要介護3と認定された頃から、施設入居を視野に入れていましたが、長女に手術が必要な病気が発見されたことで、至急Cさんの施設探しとなりました。

Cさんはデイサービスがお好きでしたので、デイサービスに通うことのできる施設をいくつか紹介。ある住宅型有料老人ホームに入居しましたが、その決め手になったのは、自宅から比較的近いということと、かつてお連れ合いと足しげく通ったお店が近くにあったことでした。

現在では認知症の周辺症状も落ち着き、穏やかに過ごされています。

レクリエーションがたくさん

Dさん（九十歳女性、要介護1、マンションに長男夫妻と同居）には軽い物忘れがあり、週二回デイサービスに通っていました。次第に物忘れが目立つようになったため、区分変更を申請（認定期間の途中で要介護度を見直すため、再度認定調査を受けること）。要介護1の結果が出て、デイサービスも週五回に変更しました。

本人はデイサービスが大好きで、毎日笑顔で通っていました。しかし長男の妻より「もう限界。お義母さんとは一緒にいられない」と訴えがありました。窮状を心配したDさんの長女と次女から相談があり、入所先を探すことになりました。

母が笑顔で暮らせるところ、というのが姉妹の希望でした。デイサービスに通うことができる有料老人ホーム、レクリエーションが多くあるグループホームをいくつか紹介し、姉妹で見学と面談を重ねました。

ここにぜひお世話になりたいというグループホームにめぐりあったものの満床。少しの間、他の施設でつなぎ、希望のグループホームに入所できました。

入所後は、グループホームのケアマネジャーに交代となるので、その後お会いすることはありませんでしたが、七年後その施設に用事があり、訪問するとお元気な本人にお会いすることができました。たまたま面会に来ていた長女ともお会いでき、「ここにお世話になることができて幸せな母です」とほほえんでいました。

自宅に戻ることを目指して

Eさん（八十四歳女性、要介護1、戸建てで一人暮らし）はデイサービスとヘルパーを利用しながら、お一人で生活していました。人に気を使うのは嫌、一人で自由に生活したい、といつも言っていました。

しかしある日突然、股関節に激痛。日を追うごとに痛みが強くなり、ベッドから起き上がるのも難しくなっていきました。ついには日中もベッドの上で過ごすようになりました。長女と一緒に受診すると、痛み止めの薬が処方され、適度なリハビリが必要と診断されました。ただ、長女は仕事が忙しく、Eさんと長女の家は移動に一時間以上かかります。

長女の毎日の訪問は難しいため、施設入所を検討しはじめました。Eさんの目標はリハビリ後に自宅に帰ることでしたので、入所の期限があり、リハビリができる老人保健施設を選択しました。

Eさんは三か月間、老人保健施設に入所し、リハビリを受けながら様子をみることになりました。三か月後に自宅に戻るか、有料老人ホームなどに入居するかは、これからの選択です。

施設入所は人生の大きな選択です。一番良い選択となるよう、利用者の皆さんのために願って祈ること、感謝することの大切さを感じながら日々仕事をさせていただいています。

（二〇二三年九月号。日本基督教団 御器所教会員、主任ケアマネジャー）

高齢者施設について

特別養護老人ホーム

「常時介護を必要とし、在宅での生活が困難な高齢者に対して、生活全般の介護をする施設」。65歳以上、原則として要介護3以上の人が入所対象で、入所の必要性が高い人から入所が決定します。費用は安価というイメージが強いのですが、最近は多床室が減り、個室が多くなっており、施設によっては有料老人ホームと変わらない費用負担が必要です。

住宅型有料老人ホーム

「生活支援等のサービスがついた高齢者向けの居住施設」と位置付けられ、「介護が必要となったら、入居者自身の選択により、地域の訪問介護等の介護サービスを利用しながら、ホームでの生活を継続することが可能」とされています。健康な人向けの施設、医療処置ができる施設、看取りまで可能な施設など、さまざまなところがあります。

グループホーム

要支援2以上の介護認定と、認知症の診断が必要です。スタッフと一緒に家事を行い、少人数（1ユニット9人程度）で共同生活を行います。個室もあるため、自宅のような環境で生活できます。個人差はありますが、認知症の進行をゆるやかにさせると言われています。

老人保健施設

病院と自宅の中間に位置づけられる施設です。原則として3か月を目処に自宅復帰を目指します。医師の医学的管理のもとで、理学療法士や作業療法士などの専門職によるリハビリを受けながら生活します。入所できるのは要介護1以上の人です。

施設入所・介護　2

肩の荷を下ろす　家族介護の五原則

林(はやし)　義亜(よしあ)

二〇一〇年に、通所介護事業などを行う「ホッとスペース中原」で働き始めました。介護の現場で日々、多くの高齢者の方々とさまざまな状況で関わる機会が与えられてきました。超高齢社会の日本では、老老介護や認認介護（認知症を持つ人の介護を、認知症を持つ家族が行う）という家庭が少なくなく、介護をする人もされる人も、心身共に疲弊してしまう現実があります。しかし、それでも多くの高齢者夫婦や家族は、懸命に支えようとしています。

そんな人々と出会いながら考えさせられてきた、私なりの「肩の荷を下ろす　家族介護の五原則」を紹介します。

一、「私たち、よくやっている」

まず、介護をする人も受ける人も、今のがんばりを認め合うことが大切です。「私、けっこうがんばっている。そして、あなたもがんばっている」と今の自分たちを肯定することで、次に進めるようになります。

認知症の母親を持つある男性が、「介護をするようになってから、休日も祝日も嫌いになった！」「どれだけ俺ががんばってるかわかってんのか、バカヤロー！」と嘆いたことがありました。男性は朝に介護、デイケアに送り出して仕事、夜も介護に明け暮れていました。「ここまでやったら終わり」という仕事とは違い、終わりが見えないので、いつの間にか疲れがたまっていました。「もっとがんばらないと」と自分をむち打つのではなく、「私たち、よくやっている」と認め合うことから始めてみてはどうでしょうか。

二、「あなたも人間、私も人間」

一生懸命やっている人ほど「失敗してはいけない」と完璧を求めます。でも人間である以上誰もが失敗します。しかし、時には失敗してもいいのではないでしょうか。また人間は愛し愛されたいと願う人格的な存在です。介護をする人もされる人も、同じように人格を持つ一個の人間であることをいつも忘れないでいたいと思っています。

ある家族に、「ベッドから落ちないように、縛(しば)り付けたほうがいいでしょうか」と真顔で尋ねられたことがありました。確かに、縛ることによって「落ちる危険」を回避すれば、介護を受ける人は、より安全かもしれません。でも、もしあなたが縛られて動く自由さえ奪われたら、どのような気持ちになるか考えてほしいのです。「落ちる」という事態も許すゆとりを持って、「あなたも人間、私も人間」と考えれば、少し肩の荷を下ろせるかもしれません。

三、「もうできない」でなく「まだできる」

誰でも歳を重ねて老いていくと、徐々にできなくなることが増えます。通所介護を長く利用しているAさんは買い物に一人で行くと道に迷うようになり、また得意としていた裁縫(さいほう)もできなくなっていきました。本人や周りも「もうできない」ことに捕らわれがちでしたが、一方で私は、Aさんが「まだできる」ことは何だろうかと考えてみました。料理をすることは難しいけれど、見事な包丁さばきは健在です。今では通所介護の調理やお菓子作りに、なくてはならない存在となっています。また人生の辛苦を経験してきたからこそ人の話を聴くのがうまく、人を励ますことが上手です。

その人の「まだできる」に目を留めると、「もう何もできない」ように思えたその人が案外違って見えてくるものです。その人の「まだできる」を用いて、役割を担ってもらうといいと思います。人は役割を失うと、生きがいや居場所を喪失して「生きていたってしょうがない。申しわけない」という思いが出てきやすいものです。その人の「まだできる」をどんどん発揮してもらいましょう。

四、周りの力を借りよう

家族介護をしている人は、もっと周りの力を大胆に借りたらいいと思います。介護保険制度は本来そのためにあるのです。教会やご近所、知り合いにも思い切って助けを求めてみてください。そして、少しでも余裕が生まれたら、介護の苦労話を分かち合える仲間、場所、時間を作ってみてください。そうすれば一人で抱え込まなくてすみます。励みになり、慰められます。

最初に述べた認知症の母親を持つ男性は、介護を始めてから一日も休んだことがないと嘆いていましたが、通所介護や訪問介護を利用することで、先日何年かぶりに温泉旅行に行くことができたそうです。そのときの喜びの写真を見せてくれました。周りの力を借りることで、介護をする人もホッと息をつく時間が生まれます。

五、明日への希望を失わず

家族介護には、「そうは言っても」という現実があります。私自身、この職業について、たくさんの人を見てきましたが、つらく思えることもあり、介護の難しさを痛感することもあります。しかし、それらすべてを働かせて益としてくださる方がいることを確信しています。今現在、真っ暗闇の中にいる人もいるかもしれません。でも、「光は暗闇の中で輝いている」（ヨハネ1・5）とあるように、暗闇の中だからこそ、輝く光が見えるのです。私自身も、明日への希望を失わず、利用者さんと共に、暗闇の中に輝く光を探していきたいと思います。

（二〇一六年六月号。日本同盟基督教団 登戸教会員、ＮＰＯ法人ホッとスペース中原 通所介護主任、介護福祉士）

施設入所・介護　3

高齢者と向かい合うときに大切なこと

文と絵　内藤和栄（ないとうかずえ）

「何もできなくなった……」

サトさんは百歳。特別養護老人ホームに入所しています。職員の介助で車椅子に座り、日中は洗濯物を畳んだり、色鉛筆で塗り絵をしていました。次第に食事が摂れなくなり、脱水症と貧血で入院。退院したときには体力が低下し、ベッド上の生活になっていました。

居室を訪問し声をかけると、「こんなに、何もできなくなってしまった」と話し、ゆる

んだグーの形で固まった両手を見せてくれました。「いつまでも生きている。早くお迎えが来るとよいのに」と、落ち込んでいる様子です。こんな場面に出会ったとき、どうしたらよいのだろうといつも悩んでしまいます。

高齢者福祉の現場で働いて二〇年を過ぎました。現在は特別養護老人ホームで生活相談員を務めています。大切な仕事のひとつは、利用者のお話を聞いて、悩み事や困り事に対応する「対人援助」です。

対人援助の入り口は、受容と傾聴。つまり相手の言葉を共感的な態度で受け入れることですが、言うはやすし、行うは難し。百歳の方の心の痛みが六十六歳の私に理解できるでしょうか。不安になります。でもこうして心の内を話してくださるのだから、せめて謙遜に向き合いたいと思うのです。

床に膝を付き、ベッドで寝ているサトさんより目線がなるべく下になるように向かい合います。耳が遠いので、ゆっくりはっきり語りかけます。最近は、新型コロナウイルス感染予防のために終始マスクをして口元が隠されているので、「優しいまなざしになるように！」と念じつつサトさんの眼を見ると、サトさんも表情が緩んできました。

そっと手を握ってみたら「おめさんの手、冷(ひや)っけえ」と苦笑いされてしまいました。手を洗ったばかりだったのです。ごめんなさいと謝ると、「寒くなってきた。風邪ひくなよ」とサトさん。能力が落ち、死にたいと思うほど弱っていても、人を気遣い励ます優しさは以前と変わりません。胸がいっぱいになって、「サトさんがいなくなると、私寂しいよ。いつまでも生きて」。これが私の精いっぱいの言葉かけです。

復活の信仰

長い間隣町の施設に入所していた教会員が近くのグループホームに移ってきたので、牧師さんと一緒に訪問しました。前前任の牧師さんの時代に役員をした方です。ある教会員と確執があったと聞いていたので気難しい方かと緊張しましたが、お会いしてみたら朗らかな方。

認知症がかなり進み、同じことをずっと繰り返し話していました。「私は復活を信じているの。死んでも体は必ず生き返るの」と笑顔でうれしそうに、何度も身振り手振りで語るのです。牧師さんは「そうですね」と何度もうなずいています。

教会の牧師と役員が来たので思いっきり信仰のお話をされているんだな、よかったなと思っていたのですが、気づけば、こちらの方が励まされていました。

私はせっかちで早とちりな人間なので、人と会話をするとき、決めつけたり、相手の言葉をさえぎったりしてしまう悪い癖があります。認知症の方と会話するときには、そういう悪い自分が出てこないように「イエスさま、そばにいて」と心の中で祈ります。言葉をゆっくり待てるように。つじつまが合わなくても、意味不明でも、とがめないようにと。

その方は半年後、天に召されました。生き生きと復活を語る、あの笑顔が忘れられません。

お一人お一人、それぞれが弱さの中で見せる強さを重んじ、年を重ねた方々に接していきたいです。（個人が特定できないよう再構成し、仮名を使っています）

（二〇二一年二月号。日本基督教団 土沢教会員、介護福祉士・社会福祉士）

葬儀　復活の希望　1

キリスト者の葬り　悲しみと慰めと望みと

加藤常昭(かとうつねあき)

一つの葬り

二〇一四年八月、牧師であった私の妻さゆりは五回の舌がんの手術、治癒不能のリンパ腺がん、加えて認知症のため、三年の在宅看護の末、地上の生涯を閉じました。葬儀は二十八日、私の前任地であった鎌倉雪ノ下教会で行われました。

司式・説教は川﨑公平牧師。前夜の祈りもありました。当日、礼拝堂を参列者が満たす中、孫たちの手でひつぎが奏楽とともに運び入れられました。古来、葬儀は墓地における埋葬だったことに倣い、自宅から墓地までの葬列が道半ばで礼拝堂に入り、礼拝をしました。

式場に、花をたくさん飾る祭壇などはありません。礼拝堂の中央前部にひつぎを縦に置き、その両側に花立て一対を置きました。写真も飾りません。式順と個人略歴を記したプログラムに、遺影を印刷しました。

葬儀は、主日礼拝とほぼ同じように行われました。招詞として詩編34編が読まれ、『讃美歌（一九五四年版）』151番を歌いました。「よろずの民、よろこべや、主イエス陰府にかちませば、死のちからはや失せはて、ひとのいのちかぎりなし」。よみがえりの賛歌が高らかに響きました。

次に詩編30編の交読、ローマの信徒への手紙5章1～11節の朗読、司式者の祈祷が続きました。故人愛唱の讃美歌280番「わが身ののぞみは、ただ主にかかれり」が歌われ、説教が行われました。

川﨑牧師は、妻に福音を伝え伝道者として育ててくださった吉祥寺教会の故竹森満佐一牧師の言葉を導きの糸としつつ、ローマの信徒への手紙を取り上げました。そして、神との和みに生き、どんな困難なときにも忍耐しつつ信頼に生きる練達の道を歩むことを説きました。私たちは、伝道者、妻、母として、最後まで笑顔に生きた故人の面影をしのびました。

説教者の祈りに続き、皆で主の祈りを唱え、故人が愛唱していた『讃美歌第二編』の1番を歌いました。そして祝福の言葉として、ヘブライ人への手紙13章20～21節が告げられました。

礼拝の後に、二人の方が故人の思い出を語りました。そして、すべての会葬者が列を作ってひつぎの脇を通り、妻の顔を見つつ別れを告げ、退室しました。室外では、遺族も一人一人にあいさつをしました。

それから孫たちがひつぎを運び、霊柩車で火葬場に向かいました。火葬の後、横浜にある鎌倉雪ノ下教会墓地にすぐ埋葬しました。これも古来の教会の葬りに倣いました。墓地にも多くの教会員が集まり、短い礼拝の後に納骨したのです。

からだの復活を信じる

ドイツのハイデルベルク大学教授だった、親友のクリスティアン・メラー教授からメールが届きました。妻の死の知らせに、すぐ応えてくれたのです。「あなたには無限につらいことですね。もはや、さゆりが、あの静かな仕方で、あなたの傍らにいないことは。もはや、あなたと共に祈ってくれないことは。あなたを独りぼっちでこの世に遺していってしまったことは。長く共に生きました。一緒にいてしあわせでした。喪失の悲しみは肉体に食い込み、何よりも、こころに食い込みます。あなたに神の慰めがくだってきてくださいますように。あなたの血を流すような苦しみを癒やしてくださるために来てくださいますように」。

妻がいない！　今でもその苦しみは続きます。しかし、望みはあります。慰めはあります。妻が天国にいると思うからでしょうか。違います。メラーさんは、こうも書いてくれたのです。「あなたは書いてこられました。妻が土曜日、午前一〇時、眠りに就いたと。長い舌がん、そしてリンパ腺がんの病苦は終わりました。神が眠らせてくださいました。神がお定めになったとき、再びみ手に取られ、こう呼びかけてくださるためです。『起きなさい、さゆり、よみがえりの朝だよ！』と」。

　何という慰め！　主イエスがよみがえられたように妻がよみがえり、いつかは私もよみがえるのです。使徒パウロは、霊の永世しか信じなかったコリントの教会の人々に、コリントの信徒への手紙一の15章で、霊はからだをもってよみがえるとの望みを明言しました。肉体は焼かれました。しかし、新しいいのちを得て妻のからだはよみがえるのです。人間はからだも魂もあってこそ、一人の人格です。

　三年の介護の間、私は妻の肉体のみとりに心を砕きました。おむつを換え、抱きかかえて車椅子に移し、ベッドに寝かし、自分が調理した食事を口に入れてやりました。からだごと愛しました。それを失った悲しみは本当につらいのです。

　ですが、その妻がよみがえるのです。主がそのいのちの初穂になってくださいました。葬りの前夜、牧師が紹介した妻の言葉はこうでした。「教会で葬儀をするとき、敗北して立ち去る死の背中が見える」と。

　古来の信仰の言葉（使徒信条）は明言します。主イエスが、死して陰府（よみ）に降り、死に勝ってよみがえられたことを、そして、私どものからだのよみがえりと永遠のいのちを信じるということを。この二つは、切り離すことができません。からだを持ってよみがえるからこそ、永遠のいのちを生きるのです。

聖書の福音に基づく葬儀

葬儀は冠婚葬祭のひとつです。そして冠婚葬祭は本来、通過儀礼として位置づけられます。誕生や結婚など、人生における分かれ道にさしかかり、自分や家族のアイデンティティーが危機にさらされると感じたとき、人は、それが変わらないという保証を神仏に求めます。そうすると、いわゆる宗教的なものを求めるようになります。結婚するとき、牧師の司式で式を挙げたいというのも、その一つです。

いつもは教会の集会に出たことのない人々も葬儀には来ます。初めて説教を聴く人もいます。それだけではなく、私が鎌倉雪ノ下教会で奉仕していたときには、キリスト者でない方の葬りもためらわず引き受けました。カトリック、プロテスタントともに教会が多く、その存在が地域に浸透している鎌倉では、仏教寺院とまったく関係せずに生活している人も多くいます。そのため、普段はまったく教会に無関係であっても、家族が死去したときは、教会に葬儀を依頼する家庭もあるのです。

ただ、一つだけ条件をつけました。それは、遺族が要望する通りの葬りにはならないかもしれないが、きちんと教会の流儀でやらせてもらうということです。「あなた方が望んだ通りの葬りにはならなかったとしても、望んだ以上の深い慰めを知ることができるだろうから、教会と牧師を信頼して、すべてを任せてほしい」と言うのです。

これに「はい、お任せします」と返事があれば、私たちは教会を挙げて全力を尽くします。教会員でない方の葬りでも、教会員に出席してもらいます。誰の葬儀であろうと、礼拝堂で行う葬りは教会の葬儀です。家族だけの葬りにはしません。牧師が司式するということだけを意味しません。それは教会として行う、正式な礼拝行為です。

もう一〇〇年も前に、アメリカのある神学者が書きました。アメリカの教会が最も異教的になるのは墓地においてである、と。参列する多くの人々が気に入る葬式をしようとするあまり、教会の働きが福音からそれてしまうからと言うのです。

ドイツの神学者で私の先生であるルドルフ・ボーレン教授も、まだ若いとき『われらの冠婚葬祭　伝道の好機か?』という小著を書いて評判になりました。日頃教会から遠ざかっている人が多く集まるチャンスでもある葬儀に際して、人々が気に入る葬りをしようとした結果、牧師が率直に福音を語らなくなっている、というのです。人びとの宗教的要求、人間的要求に応えてしまうというのです。罪の赦しを語らずに故人を賞賛し、復活を語らないで死後の再会の望みだけを語り、からだのよみがえりを語らないで霊魂の不死だけを語ってしまうのです。ボーレン先生は、「そのような堕落の機会を作らないように、社会が望むような葬儀をしたくないと訴えて、ストライキをしたらどうかと牧師たちに提言したいくらいだ」と言いました。

世代を越えて福音を伝える

私は確信しています。主イエス・キリストの十字架と復活の恵みに勝る力に満ちた福音はないということを！

葬儀を執り行うとき、教会は率直に、確信を持って賛美歌を歌い、聖書を読み、祈りを込めればよいのです。もちろん、喪失の痛み、悲しみの深みにある方たちに対しては、愛と同情から生まれる言葉を語ります。そして、その傍らにいます。単なる「おつとめ」をするような宗教家でなければよいのです。教会に不慣れな人に対しては、葬儀では今何が行われようとしているのか、わかる言葉で語ります。しぐさで示します。ラザロの墓の前で涙を流し、ナインの若者の母に「泣かないで！」と声をかけてくださったときの主イエスのみこころに生きればよいのです。

そうすれば、聖霊が私たちの言葉、姿勢、行動を祝し、いのちの望みの証人としてくださるでしょう。葬儀を機会に受洗した人々が、何と多かったことでしょう！　私たちの誰もがいつかは迎える自らの葬儀は、子や孫などに世代を越えて福音を伝える、大きな機会でもあるのです。

（二〇一五年一一月号。掲載時、日本基督教団隠退教師。二〇二四年逝去）

葬儀　復活の希望　2

遺言書を書こう　地上の生を生かされた信仰を言葉にして

高倉田鶴子（たかくらたづこ）

開かれなかった遺言書

私は現在（本稿が記された二〇〇五年時点）七十九歳、横浜で満百歳になった義母（四月より特養ホーム入居）のケアをしながら、千葉県館山で夫と共に開拓伝道を続けています。

思えば、典型的な軍国の乙女として成長し、一九四五年東京女子高等師範学校（現お茶の水女子大）入学と同時に、長野県佐久郡の中島飛行機製作所へ学徒動員され、そこで敗戦を迎えた私でした。

それまで絶対の真理のように教えられ、無条件で従ってきた国家神道的な独善と決別して、時代や国家・民族を超えた本当の真理に出会いたいと、模索を続ける学生生活の終わり近く、聖書の語るキリスト・イエスに捉えられました。

人生の夜明けを迎えたという実感でした。

しかし、農地解放の直撃を受けたとはいえ、家父長中心の没落地主の娘が、一族で最初のキリスト者として、受洗し、献身することは許されませんでした。致し方なく無断で受洗、中学・高校の教師として自活しながら、神学校に通いました。

この間私は、兄姉たちに自分の近況報告に添えて、聖書の教えについて書きましたが、まったく無視され続けました。それならば、誰もが握りつぶせない遺言という形で、自分の志を残そうと決心しました。

私の生家の墓地には、先祖代々一人一人故人の名が刻まれた墓石が並んでいます。

遺書には、自分の入信の動機やキリストの救いについて認め（したた）め、最後に自分が死んだ時は、墓石に私の名前は小さく、私が救われたこの聖句、主は、わたしたちのためにいのちを捨てて下さった。それによって、わたしたちは愛ということを知った。（Ⅰヨハネ3・16、口語訳）

をはっきり刻んでほしいと書きました。

墓参りに来た人々は、生前の私の信仰の言葉に耳傾けなくても、墓石に刻まれたこの聖句には注目してくれるに違いないと思ってのことでした。その後、私は同信の夫と結婚、生家の墓地に入ることはありませんので、この遺言書はついに開かれませんでした。

つらい経験から

私たちは八年前まで約二二年間、今年一二六年の歴史をもつ千葉教会の牧師でした。一九七五年、この教会に就任して間もなく、日本人キリスト者の死や葬儀について鋭く問われる、つらい経験をしました。

長年小学校教師として働かれ、当時教頭として活躍しておられたのに、定年を前に「体が子どもたちと一緒に動けなくなったから……」と辞職、これから真剣に教会生活をすると言っていた姉妹がおられました。親族を離れ独身生活を続けていた彼女が、風邪をこじらせたのでと入院、そのまま帰らぬ人となってしまったのです。

牧師がかけつけた時には、生家の当主である弟さんの采配（さいはい）で、すでに檀那寺（だんなでら）のお坊さんが招かれ読経の最中でした。彼女の信仰についてほとんど知らない親族は、お寺にある先祖代々の墓に納骨すべく、すべてのことをお寺にお願いしていたのでした。

その夜、牧師は彼女の信仰のこと、教会生活のこと、葬儀についての希望など親族に語りました。しかし、当時千葉教会には教会墓地がなかった事情もあり、やむなく一人の友として、すべての仏教儀式に参加、心深くキリストの名によって祈り続けるのみでした。

この経験を通し、牧師はもっと病床訪問をねんごろにし、ご親族ともキチンと連絡をとっておくべきだったと自己批判し、長老たちは、長年課題だった教会墓地建設について、「墓地のことはボチボチと……」と引き延ばしてきたことを反省しました。

予測できないほど急速な病の進行で逝去したこの姉妹を偲び、教会員へのすすめもふくめ、「死と葬儀にいかに備えるべきか」、私たちは具体的に動きはじめました。

一九七七年葬儀記念会等への奉仕、遺言運動や遺族伝道を担当する天国委員会の発足、七八年教会墓地の建設、八三年『キリスト者のための「死」と「葬儀」のガイドブック』刊行（九一年再刊。二〇〇四年改訂版）と地道な活動へと歩み出したのです。

キリスト者と遺言

近年、都市人口は激増して農漁村は過疎化し、大家族が崩壊して核家族や少子化が進み、日本の社会は大きく変わったように見えますが、死や葬儀についての考え方は、少しも変わっていないと痛感します。

マスコミで死や葬儀が取り上げられる場合でも、お葬式やお墓の費用の問題だったり、生前葬、友人葬、散骨、樹木葬等々、華やかなライフスタイルの一種のごとく論じられ、主体的な信仰や死の理解との関わりで深められてはいないように思います。

こうした日本社会の中にあって、私たちはキリスト・イエスをわが主と信ずることを許された数少ないキリスト者です。国家や家族等を超えて真の神に従う主体的信仰に生きる個人とされ、その上で再び国や社会や家族に主によって遣わされた者として、より責任的に関わっていかねばなりません。

だから、「死」は忌むべき不吉なもの、暗黒、絶望と考えやすい日本的精神風土の中で、私たちキリスト者は、自分の最後の状況がどんなであっても、私の救いのために十字架上で死に、死に勝利して復活した生命の主キリストが、私のいっさいを引き受けてくださる希望なのだと証言したいものです。

確かに親しく愛し合った家族や知友との別れは、寂しいに違いありませんが、その大切な人々に、自分にとって最高の宝物・キリストの救いを語り残すことは、遺族にとってもかけがえのないことだと思います。

若者にとっても高齢者にとっても、死はいつ襲ってくるかわかりません。私たちは自分の信仰について、遺族に残す文章をできるだけ早く用意してゆくべきだと思います。家族でただ一人のキリスト者の場合は決して忘れずに、キリスト者家族の一員の場合でも、「主の証人として」最後の言葉を残しましょう。どんなに素朴でも遺族の心に残るに違いありません。

• 今までの交わりへの御礼

- キリストによる救いと入信の動機
- 遺族がこの信仰を継承し、教会生活を送ってほしいとの願い
- 遺族一人一人への主の祝福を祈る祈り

こうしたことなど、自分の残したい言葉を自筆で認め、年月日を記したいものです。毎年元旦に書きなおすのもよいと思います。

さらに自分の葬儀に関しては、「自分の信仰にそって教会で執り行ってほしいので、牧師に相談を」と付記することも大切です。キリスト者の葬儀が単なる故人との告別式でなく、生命の神への礼拝であることを忘れず、個人賛美に終わらないよう留意したいものです。

天の故郷を仰いで

また、あの「つらい経験」の後、千葉教会では多くの会員が次の遺書を残しました。

「私は自分の最後の日を思いキリスト者としての信仰にしたがって、葬儀を執り行って

いただく時の参考に、希望や意向を以下のようにしたためます。
（1）私の心に残っている聖書の個所　○その理由
（2）私の好きな讃美歌（2つ以上）　○その理由
（3）私の信仰履歴　○入信の動機
（4）私はキリスト教による葬儀を希望します。
　イ教会で　ロ自宅で　ハその他
（5）A私は教会墓地への納骨を希望します。
　イ本骨を　ロ分骨を
　B教会墓地への納骨は希望しません。
（6）私は遺族がキリスト教による記念式・記念会を行ってくれることを希望します。
　イ教会で　ロその他
（7）特に教会からの連絡を希望する方
　イ　親族氏名・電話番号
　ロ　友人氏名・電話番号

（8）その他遺族、教会への希望

以上よろしくお願い申し上げます。

年　月　日　氏名　㊞」

この設問は天国委員会が印刷し、各自が自筆で各項目に答えるという形のものでした。この書のコピーを家族への遺書に同封した人も多かったようです。

当時、天国委員長は書をよくする長老でしたから、この文書を入れた白封筒に提出者氏名と遺言書の文字を一通一通丁寧に毛筆で書いてくださいました。牧師は衿（えり）を正してお預かりし、ご葬儀の折には大切に用いさせていただきました。

今私は人生の夕暮れ。声高に語るよりは、生き方がそのまま遺言になるような日々を重ねたいと願っています。

（二〇〇五年一一月号。掲載時、日本基督教団 南房伝道所牧師。二〇一八年逝去）

葬儀についての遺言状（例）

長いあいだ皆様にお世話になりありがとうございました。

心から御礼申し上げます。

私は生前イエス・キリストを信じ、そのみ救いをあたえられたことを厚く感謝しています。

私は私を愛して下さった救い主のみもと天にある私たちのほんとうの故郷に帰ってゆくのです。

皆様どうか私の死を悲しまないで下さい。

まだキリストを信じていない○○○○さん、私の死をとおして信仰の道を歩んで下さるよう祈っております。

私の葬式は千葉教会でお願いします。

葬式その他のことは牧師先生と相談してきめて下さい。又出来ることなら教会墓地に遺骨を（一部又は全部）納めていただきたいと願っています。

皆様の上に恵の神、イエス・キリストの祝福がいつまでもありますように心から祈っています。

年　月　日

氏　名 ㊞

宛　名　様

『キリスト者のための「死」と「葬儀」のガイドブック』（千葉教会、1991年）より

葬儀　復活の希望　3

心をつくして、神のもとに送る
キリスト教葬儀の実際

大澤秀夫

先日、突然の電話をいただきました。

「私どもの教会員が、そちらで亡くなったので、葬式をお願いできないだろうか。もし、受けていただけるなら、先生のご指導に従うように家族に連絡します」

「お受けします」と答えたところから始まった三日間、初めてお会いする家族と一緒に、高齢のお母さま、Hさんの葬りの式を行うことになりました。息子さんの電話を受けてお訪ねすると、近しい家族がすでに病院から戻ったお母さまの枕元に集まっておられました。遺体を囲んで座り、このように祈りました。

「天地の造り主であり、いのちの造り主である神さま。あなたは愛する姉妹を尊い生涯へと呼び出し、今その御手の内に取り戻したまいました。私たちは姉妹をあなたの恵みの御手にお委ねいたします。愛する神さま、姉妹を通して与えられた数々の恵みを心より感謝いたします。どうぞ、あなたの豊かな慈しみの内に姉妹のすべてを受け入れ、その罪を赦し、主の平安の内にお守りください。神さま、どうぞこれから行われる葬りの式のすべてを導いて、あなたの栄えをあらわすものとしてください」

臨終の時に、神さまに祈ります（「枕頭（ちんとう）の祈り」）。牧師が間に合わない時には、家族のだれかが祈るとよいと思います。故人のすべてを神の御手に委ね、赦しと平安を祈るのです。また、故人を通して与えられたたくさんの恵みを覚えて、神への感謝をささげましょう。

最期の看取り

今回は突然のことでしたが、ずっと教会につながっている方の場合には、臨終に先立って牧師は折々に病床をお訪ねします。日頃から「いつでも連絡してください」とお話ししていますので、遠慮しないで訪問を求めてください。

つい先日も、こんな経験をしました。

夜中の零時過ぎに教会の玄関が叩かれました。「いよいよ最期だから親族を呼ぶように、とお医者さんに言われました。どうぞおいでください」

教会のすぐ隣の病院に入院しておられる方の甥御（おいご）さんでした。これまでに何度も危機があって、この日の午後にもお見舞いしたばかりでした。すぐに駆けつけると、病室には身内の方が六人ほどベッドを囲んで見守っていました。荒い大きな息をされるTさんに声をかけました。

「大丈夫ですよ。イエスさまが一緒ですよ。先に逝ったおじょうさんと、神さまのところで一緒になるんですよ」

賛美歌を歌い、ひたいに手を置いて祈りました。

「神さま、主であるあなたの御名を呼びます。どうぞ今、私たちの祈りを聞いてください。あなたはこれまでずっとTさんと一緒に歩んでくださいました。今、死を過ぎ越して御許（みもと）にまいります。どうぞ恵みの御手の内にしっかりと受け取ってください。私たちの救い主、イエス・キリストの御名によってお祈りいたします」

祈り終わって、主治医が後ろで待っていてくださったことに気がつきました。枕元をゆずると、医師は脈を確かめ、そして静かに黙礼されました。

死を通って、いのちへと過ぎ越していく、かけがえのない時を近しい方々と一緒に経験させていただいて、神さまの大きな恵みを思いました。葬りをどのようにするかに先立って、生かされてある終わりの日々をどのように共に歩むかが、まず大切なことなのです。

先のＨさんのことに戻ります。

ご家族によれば、お母さんはもう二〇年も前に松本に引っ越して来ておられたとのことでした。生前にお会いしたかったなと思いましたが、よく考えれば、住み慣れた故郷を離れ、息子さんのところに同居することで、いくらかの気兼ねがあったのかもしれません。車でなければ通えない教会に連れていってほしいとは、なかなか言えなかったのでしょう。

しかし、それにしても、生きるときにも死ぬときも、共に主を仰ぐことこそが私たちの力であるのですから、できるかぎり礼拝につながることが大切であるのです。

Hさんの場合に、ご家族が関わりのあった教会の先生に連絡を取ってくださったのはありがたいことでした。その先生を通して、こうして地域の教会に連絡がついたからです。「父の時も本人はクリスチャンではなかったのですが、母が教会にお願いしてキリスト教のお葬式をしていただきました。母も同じようにしてほしいと思っていたに違いありません」。

息子さんが、亡くなったお母さんの気持ちを大切にしてくださったのです。そして、教会の側でも、個々の教会を越えて協力してHさんを送ることができたのでした。

葬儀の実際

牧師と家族とで打ち合わせをする時に、葬儀社が入る場合には担当者にも来てもらいます。ここで日程をはじめとする葬儀の大枠が決まります。いろいろな段取りと手続き、そして費用の見積もりもなされます。

日程については、いちばん早くて、亡くなった翌日の夜に納棺および前夜式を行い、その翌日に火葬、葬式を行うことができます。しかし、それを決める際には、火葬場そして親族の事情を考慮することが必要です。私の今暮らしている松本では火葬が先で、その次に葬式という順序なのですが、全国的にはその逆、葬式の後に出棺、火葬となることが多いとも聞いています。その地域なりの手順と習わしがあるようです。

○納棺・前夜式

前夜式はなるべく自宅で行っています。最近は前夜式に出席する人数が多くて、しかも内容もまるで葬式と変わらないということもあるようですが、私の経験では、前夜式は近しい家族と友人が遺体を囲んでしみじみ思い出を語り、聖書のことばに耳を傾け、心を合わせて祈る時とすることがよいと思います。そこで与えられる一つ一つの言葉が家族にとっての大きな慰めになるからです。

先に納棺をすませておいて前夜式を行う場合と、前夜式の中で納棺をする場合があります。説教の後、順次お花を棺に納め、棺を囲んでまるく座ったところで、全員に故人との関わりと思い出を話していただくようにしています。というのは、家族といえども必ずしも故人のすべてを知っているわけではないからです。

集まった一人一人の言葉を通して、はじめて故人の生涯の全体が浮かび上がってきます。そうすると、きっと最後は感謝の祈りとなるのです。

「神さま、私たちの思いを越えて豊かに、あなたがHさんの生涯を導いてくださいましたことを心より感謝いたします。今やついにHさんは御許に移されました。今晩はHさんが懐かしい家で過ごす最後の夜です。どうぞ悲しみの内にある家族をお守りくださって、心おきなく地上での別れをなさせてくださいますようお願いいたします」

○葬式

葬式は礼拝として行います。ですから教会堂で行います。住宅の事情などから、前夜式も含めて全部を教会で行うこともあります。他方、葬式のいっさいを葬儀社の経営する葬祭場で行うケースも増えてきました。一九九〇年代には松本に一か所しかなかった民営の葬祭場が、今では何か所にもなっています。参列者の数や食事ふるまい、その他のいろいろを考えると、その方が便利だし、面倒がないというわけです。

この背景には、家族や地域社会の共同体としての力が弱くなってきたということがあります。葬式を家族や地域が担えなくなって、そこに商業化された業者が入ってきているわけです。しかし、安易にその流れに乗ってしまうことは、教会の大事な部分を失ってしまうことになりかねません。信仰の共同体である教会が、生と死とを支配したもう神にささげる礼拝としての葬式を行っていくためには、いっそうの自覚と、それを丁寧に伝える努力が必要です。教会で行われる葬式には、できる限り教会の仲間が出席することが意味深いと思うのです。

○火葬前式

火葬前に棺を囲んで祈ります。この時が、顔を見ることのできる最後の機会です。炉に納め、扉が閉まる時、家族は地上の別れを痛い思いで実感します。地域によって火葬場の雰囲気やしきたりがずいぶん違いますが、大切なことは丁寧に心を尽くし、うやまいと配慮をもって送るということです。拾骨をして、自宅に戻って祈るところまで、牧師は同伴します。家に戻ったら、用意された小さな祭壇に遺骨を置き、その前で家族と共に祈ります。

「神さま、葬りの式をすべて終えて自宅に戻りました。あなたがお守りくださったことを感謝いたします。どうぞ家族の疲れと痛みをいやし、天からの慰めを与えてください。永遠のいのちの希望の内に家族を守ってください」

○納骨

すでにお墓がある場合には、葬式に引き続いてすぐに納骨することがあります。一般的には、葬式後しばらくして（一か月、三か月、あるいは一年）、お墓を用意して納骨します。その間、弔問に訪ねてこられる方を迎えることができるように、自宅に、その前で祈る祭壇を用意しておくこともよいでしょう。

納骨は故人の墓に納める場合、あるいは教会の墓園に納めることもありますが、どの場合にも墓前で祈って、納骨することがふさわしいことです。

「神さま、御許に召されたあなたの愛したもう兄弟・姉妹の遺骨を墓に納めます。今や兄弟・姉妹はあなたの御手の内に移されて平安の内にあることを信じて、御名を賛美いたします。この墓を通して私たちが、復活の希望を確かめることができますよう導いてください。遺族の上に天よりの慰めを与えてください」

○記念会

葬式を終えて、よく尋ねられるのは「どのように記念したらよいですか」ということです。仏事であれば初七日、四十九日、一周忌とか、それなりの定めがあるようですが、教会にはそれがありません。もちろん、そのような数字にこだわる必要はありませんし、そのとおりしないからと言って障(さわ)りがあるわけではありません。けれども、日にちが決まっていないというのも何か頼りがない、という遺族の気持ちもわからないでもありません。

私はこんなふうに答えています。「十一月の第一主日が聖徒の日です。この日、教会では亡くなった方を憶えて礼拝を守ります。この礼拝に皆さんで出席してください。教会墓園への墓参もいたします。春になれば復活祭・イースターがきます。主イエスの復活の記念日です。これは私たちすべての復活の希望の日でもあります。どうぞこの日、亡くなった方を想い起こしてください。そして召天記念日は大切な日ですから、来年、その近くのふさわしい日に、ぜひ記念会をいたしましょう」。

この夏、私も十三年前に亡くなった義姉の記念会を、彼女が在籍していた教会にお願いしてさせていただきました。午前中に家族でお墓参りをしてから、礼拝堂で記念礼拝、簡単な昼食会を持ちました。教会の皆さんがお世話くださって、信仰の仲間たち、仕事と市民活動の友人たち、そして家族が久しぶりに一堂に集いました。皆さんのスピーチを聞きながら、あらためて故人を思い起こし、慰めと勇気と希望を与えられました。いつもは牧師としてお迎えする立場ですが、この日は遺族の一人として記念会を行うことの大切さを知りました。

Hさんの葬りの三日間を一緒に過ごして、ご家族といろいろに話しました。お子さんたち、と言ってもそろそろ六十になろうとする方々でしたが、皆、ちいさな頃に日曜学校に通っていたことがわかりました。賛美歌を知っていると言われて、それでは、と歌ってもらうと「主われを愛す」でした。「そう言えば、クリスマスの時に羊飼いをやったな」と、遠いまなざしになられました。

お母さまの葬りを通して、教会と結ばれてある絆がいくばくか家族の内によみがえったのかもしれません。すべてをとどこおりなく終えて、「本当にありがとうございました」と挨拶をいただきました。

どの一人にとっても葬りが、永遠のいのちの希望に貫かれたものとなるようにと願っています。

（二〇〇五年一一月号、掲載時、日本基督教団 松本教会牧師。現在、鈴蘭幼稚園理事長）

信仰生活ガイド
老いと信仰

2024年6月25日　初版発行

編者　山口紀子

発行　日本キリスト教団出版局
169-0051　東京都新宿区西早稲田2丁目3の18
電話・営業03（3204）0422、編集03（3204）0424
https://bp-uccj.jp
印刷・製本　開成印刷

ISBN 978-4-8184-1165-4　C0016　日キ販
Printed in Japan